教育部人文社会科学研究规划基金项目
"以产业学院为建设载体的高职领域PPP模式及其'进入—退出'机制研究"
（16YJA880051）成果

PUBLIC-PRIVATE PARTNERSHIPS

高职领域PPP模式
及其"进入—退出"机制运行

以产业学院为载体

熊惠平◎著

ZHEJIANG UNIVERSITY PRESS
浙江大学出版社

图书在版编目（CIP）数据

高职领域PPP模式及其"进入—退出"机制运行 ： 以产业学院为载体 / 熊惠平著. —— 杭州 ： 浙江大学出版社，2021.5
ISBN 978-7-308-21295-3

Ⅰ．①高… Ⅱ．①熊… Ⅲ．①政府投资－合作－社会资本－应用－高等职业教育－研究－中国 Ⅳ.①G718.5

中国版本图书馆CIP数据核字(2021)第078844号

高职领域PPP模式及其"进入—退出"机制运行：以产业学院为载体

熊惠平　著

策划编辑	吴伟伟
责任编辑	丁沛岚
责任校对	陈　翩
封面设计	雷建军
出版发行	浙江大学出版社
	（杭州市天目山路148号　邮政编码　310007）
	（网址：http://www.zjupress.com）
排　　版	杭州林智广告有限公司
印　　刷	杭州良诸印刷有限公司
开　　本	710mm×1000mm 1/16
印　　张	13
字　　数	201千
版 印 次	2021年5月第1版　2021年5月第1次印刷
书　　号	ISBN 978-7-308-21295-3
定　　价	58.00元

前　言

FOREWORD

PPP 模式，这个"公私合作伙伴关系模式"或"公私伙伴关系模式"，出于国情和操作实施便利性的考量，被官方定位为"政府和社会资本合作模式"。我国对于 PPP 模式的借鉴应用，实际上早在 20 世纪 80 年代就已经开始了，不过当时多是以 BOT 形式呈现的，且少有"PPP 模式"的说法，1984 年，广西来宾 B 电厂以 BOT 形式吸引外资项目，被认为是最早的案例。

随后在较长的时间内，类似的案例鲜少被关注，从而转入相对沉寂的阶段。未曾料到的是，自 2003 年以后，BOT 形式及其"兄弟"形式，都冠以"PPP 模式"如雨后春笋般兴起，无论是理论研究层面还是实践操作层面，其势头与此前相比都是不可同日而语的。

这一建设浪潮已从经营性领域或"硬经济"领域广泛扩及"硬社会"领域、"软经济"领域和"软社会"领域；高职领域作为教育领域的子领域、职教领域的子领域以及"硬社会"领域的重要代表，其 PPP 模式建设即高职领域 PPP 模式建设也正在审慎进行中。在这一过程中，如何调处高职—职教服务作为准公共品而蕴含的逐利性与公益性之间的矛盾，始终备受关注，因而既是重点也是难点问题。

本书将这一矛盾调处过程放在这样一种情景之中，即以产业学院为载体的"进入—退出"机制运行中；由于"进入—退出"机制运行是贯穿高职领域 PPP 模式建设全程的，而产业学院载体又是高职院校工学结合、产学合作、产教融合建设的代表性载体，这样的"情景设计"就能够集中、完整、动态从而清晰地"监测"这一矛盾的调处状态。

鉴于此，首先要从理论溯源和历史观照的角度，揭示高职领域 PPP 模式的内在机理，以及自身的个性特征；并由此出发，阐释高职领域 PPP 模式机制运行的基本规律；同时在这一规律的指引下，"数说"其中的进入机制、过程机制和退出机制及其整合机制"进入—退出"机制的运行情况。在此，直接连通区域产业发展的产业学院，担当的是"适合的就是最好的"这一载体角色。

第一章从历史与现实、理论与实践相结合的角度，来"透视"高职领域 PPP 模式内在机理，高职领域 PPP 模式探源（第一节）和高职领域 PPP 模式建设效应（第二节）正是对此的反映；同时，关于全书的总体设计框架安排（第三节），铺就了后面几章的续写之路。

第二章继续讲述内在机理的"故事"。从高职领域 PPP 模式探源对历史性的追溯（第一章第一节），到高职领域 PPP 模式内涵对内在规定性的解析（第一节），再到高职领域 PPP 模式特征对现实性的展露（第二节），探源、内涵、特征"三位一体"于高职领域 PPP 模式内在机理中，使得随后的高职领域 PPP 模式机制体系框架搭建（第三节）有理有据，使得第四章、第五章、第六章关于高职领域 PPP 模式进入机制、过程机制以及退出机制的运行有理有据。

第三章是关于产业学院的专题论述。本章"出场"似有将本是相互连贯的前后章突然断开的感觉，其实，这不是断开，而是一种嵌入——将产业学院作为建设载体嵌入高职领域 PPP 模式及其"进入—退出"机制运行中。将历史长镜头中的"联盟同盟""共同体"拉至当下，现代产业学院亦或高职产业学院被"赋能"于工学结合、产学合作、产教融合建设，其"代表性承载者"这一角色定位越来越被看好（第一节和第二节）。中山职业技术学院通过校镇合作即校区合作建设特色产业学院，谱写了工学结合、产学合作、产教融合建设"新篇章"（第三节）；拥有政治、经济、文化、教育领域诸多"头衔"的宁波，其在现有高职院校中设立直接对接区域或当地产业并动态改进的产业学院，宜"成熟一个，设置一个，建设一个，做好一个"（第三节）。

接下来（第四章）要开始讲机制运行的"进入经""过程经""退出经"这一"三字经"了。与经典的"私"方意义相区分，中国式 PPP 模式中的"私"方以及与此相对应的"公"方的明确界定，是高职领域 PPP 模式机制运行的前提（第一节）。渐次走好"搜寻→筛选→确认"三大步，就是以识别机制运行守住了高职领域 PPP 模式机制运行的第一道"关口"（第二节）；高职领域 PPP 模式产权设计和治理机制运行，则攸关"私"方是否"进得来"或"愿意进"以及进来之后与"公"方相处的重大问题（第三节）。

高等教育成本分担理论应用于高职领域，该领域的 PPP 模式投入分解机制运行就是很好的案例（第五章第一节）；投入分解问题所连带产生的收益分配问题，要求以适宜的商业模式构建为中心，稳健推进高职领域 PPP 模式收益机制的运行（第五章第二节）。

关于退出通道的安排，是高职领域 PPP 模式及其机制健康、持续运行必需的制度设计（第六章第一节）；其中最受青睐的是资产证券化通道建设，尽管连"小步慢试"的实操都尚未启动，但其前景仍然是乐观的（第六章第二节）。

从合格校到水平校建设，从示范校到优质校建设，再到正在推进的"双高"校建设，从"活下来"到"大起来"再到力争"强起来"，高职院校一路走到了今天。高职教育建设不能辜负这个新时代，要有创新的思维，要有创新的行动。愿 PPP 模式建设能够掀起高职教育"提质培优"建设的"涟漪"；若本书的出版能够化作这片"涟漪"的一小朵浪花，则甚以为乐矣。

浙江工商职业技术学院　熊惠平

2021 年 3 月 10 日于宁波

目 录

CONTENTS

第一章　高职领域 PPP 模式：理论追寻和实践观照 / 1

第一节　高职领域 PPP 模式探源 / 2

第二节　高职领域 PPP 模式建设效应 / 13

第三节　本书的研究框架 / 26

第二章　高职领域 PPP 模式：机理揭示与机制运行 / 34

第一节　高职领域 PPP 模式的内涵 / 35

第二节　高职领域 PPP 模式的特征 / 41

第三节　高职领域 PPP 模式的机制运行 / 57

第三章　高职领域 PPP 模式机制运行：以产业学院为载体 / 69

第一节　产业学院问题的历史回溯和现实拷问 / 69

第二节　高职产业学院建设的载体意义 / 81

第三节　高职产业学院建设范例与样本 / 93

第四章　高职领域 PPP 模式进入机制运行：识别与设计 / 101

第一节　高职领域 PPP 模式机制运行的前提 / 102

第二节　高职领域 PPP 模式识别机制运行 / 105

第三节　高职领域 PPP 模式产权设计和治理机制运行 / 118

第五章　高职领域 PPP 模式过程机制运行：分解与调适 / 134

第一节　高职领域 PPP 模式投入分解机制运行 / 135

第二节　高职领域 PPP 模式收益机制运行 / 144

第六章　高职领域 PPP 模式退出机制运行：通道与安排 / 165

第一节　高职领域 PPP 模式退出机制运行的通道 / 166

第二节　高职领域 PPP 模式退出机制运行的资产证券化通道 / 173

第一章
高职领域 PPP 模式：理论追寻和实践观照

CHAPTER 1

本书是从 PPP 模式蕴含的基本理论和奠定的实践基础出发，基于职教领域 PPP 模式和高职领域 PPP 模式的经济性趋利取向和公益性价值导向这两个基本特征，来聚焦建设载体的进入通道研究和退出通道研究的。

由于准公共产品性质的高职领域 PPP 模式建设项目即高职 PPP 项目，多采取政府付费或可行性缺口补助方式（"使用者付费＋政府补贴"方式）运作，因而高职领域 PPP 模式建设要遵循 PPP 模式本身蕴含的基本原理。高职领域 PPP 模式的经济运行之"理"，是奠基于以高职—职教服务为重要内容的政府购买社会服务理论的，而政府购买理论又源于公共经济学、新公共管理理论。进一步言之，高职领域 PPP 模式是以某承载体作为基础和"平台"项目来推进建设的，具体来讲是以产业学院建设项目为载体来承载以"进入—退出"机制建设为核心内容的建设，其经济运行之"理"要溯源 PPP 模式本身的理论基础。

高职领域 PPP 模式建设理论源于公共经济学和新公共管理理论，并被赋予"公共品非政府提供理论职教场域建设"新内涵。高职领域 PPP 模式建设实践与 PPP 模式建设实践一样，同样遵循西方国家所历经的"'硬经济'领域→'硬社会'领域→'软经济'领域→'软社会'领域"的原则顺序，由此产生"涟漪效应"和"撬动效应"。无论是印证性效应和推广性效应"有机组合"而成的"涟漪效应"，还是"抓手"和"推手"所彰显的杠杆效应即"撬动效应",它们都是一种"点面"效应。这种效应旨在推动高职领域—职教领域—教育领域的发展方式转变,推动政府治道的变革,并推动社会治理体制的创新建设。

为叙述方便,除第一章的必要性沿用外,本书以 PPP 模式代替政府和社会资本合作模式或公私合作伙伴关系模式以及公私伙伴关系模式。

第一节　高职领域 PPP 模式探源

一、高职领域 PPP 模式的引入

研究高职领域 PPP 模式(为高职教育领域 PPP 模式的简称),必当认识高职领域 PPP 模式的内涵;而认识高职领域 PPP 模式的内涵,则当从 PPP 模式的基本概念入手。

(一)PPP 模式的基本概念和 PPP 研究的总体状态

PPP 为 Public-Private Partnerships 的简写,可译为"公私合作伙伴关系"或"公私伙伴关系"等,因而 PPP 模式可译为"公私合作伙伴关系模式"或"公私伙伴关系模式"等。PPP 模式的译法虽然有多种,但其建立公私合伙制或公私合营制的要义不变。

1. 国内研究仍需在诸多方面进行更深入研究,以更好地指导实践

虽然 PPP 的雏形可以上溯到几百年前西方政府授予公路养护者的"特许经营权",但其在经济和社会生活实践中的大发展及其概念的明确化与大流行,还是 20 世纪后半期随着新公共管理运行的兴起,在发达经济体与新兴经济体的进一步创新发展中出现的。[①]

PPP 的形成和发展主要受新公共管理运动中以引入私人部门积极参与核心内容的公共服务供给市场化改革的影响。[②]早在 17 世纪,英国领地公会和

① 贾康. PPP:制度供给创新及其正面效应 [N].光明日报,2015-05-27.
② 贾康,苏京春.新供给经济学:理论创新与建言 [M].北京:中国经济出版社,2015.

私人投资者合作建造灯塔，开始了基础设施领域"公私合作模式"的初步探索。① 因此，"PPP"这一概念起源于英国，由克拉克（Clark）于 1992 年率先提出；之后，联合国、欧盟、世界银行、亚洲开发银行等国际组织，以及英国、美国、加拿大各国 PPP 国家委员会，澳大利亚基础设施发展委员会，也各自对 PPP 的概念进行了界定。在国外研究者当中，以出版《民营化与公私部门的伙伴关系》而享誉全球的民营化大师萨瓦斯（Savas）最为著名，其给出的定义比较具有代表性：介于完全由政府提供和完全私有化之间的所有公共服务提供方式都可称为 PPP。萨瓦斯所列举的"公私合作伙伴关系"的 10 种制度安排堪称经典。国外一些研究者通过关系性合约论、交易成本论、产权经济学、博弈论以及公共治理、战略管理联盟等视角，对 PPP 问题做了分析。国际研究固然相对成熟，但是仍然缺乏适宜的 PPP 分析框架，对绩效研究尤其对发展中国家和转型国家 PPP 建设的瓶颈和挑战分析不足。

国外研究给国内研究提供了重要借鉴和参照依据。PPP 模式研究在国内已形成持续的热点，在理论建设和实践建设各方面都取得明显成效，但也暴露出理论准备不足、成熟的商业模式欠缺、各领域 PPP 模式建设的特性认识不足、政策适应性不强等突出问题。PPP 模式研究多在基本理论依据梳理、基本问题阐释、模式推介、案例解读以及常规性操作（如政策层面和项目层面的 PPP 运作）等方面着墨，虽然取得了可喜的进展，但包括深层理论逻辑、政策体系和法律框架等制度建设、实践实施的"三性"（本土性、区域性、领域性）建设等这些更深入的问题还有待研究，缺乏拓升和整合。因此，国内研究的总体状态，可总结为尚未建立自身的理论体系和工具体系。其中突出的问题主要是 PPP 模式运行机制及其适应性问题。其基点在于"三大建设研究"，即 PPP 模式机制分化与整合建设研究、PPP 模式适应性建设研究、PPP 模式职教领域和高职领域对接性建设研究。

---

① 孟奇勋，陈嘉奇，张一凡. 公私合作视阈下专利基金市场化运营路径研究 [J]. 中国科技论坛，2019（6）.

（1）PPP 模式机制分化与整合建设研究

中国特色 PPP 模式研究，不是仅仅将 PPP 模式作为一种投融资模式来研究，而更是作为一种创新管理模式和由此生成的新机制来研究。当然，对于 PPP 模式新机制的研究，还要做好前置问题的研究，即要基于我国国情进行 PPP 模式的内在机理研究，然后再转入机制研究。PPP 模式的机制运行，是围绕 PPP 模式建设全程的，具体包括五大机制：PPP 识别机制；PPP 产权设计和治理机制，特别是 PPP 项目股份制和混合所有制设计和治理机制；PPP 风险分摊和处置机制；PPP 过程调适和监管机制；PPP 后期保障机制。

五大机制研究的基本思路和基本路径：第一，五大机制可以整合为 PPP 进入机制（含 PPP 识别机制、PPP 产权设计和治理机制）、PPP 过程机制（含 PPP 风险分摊和处置机制、PPP 过程调适和监管机制）和 PPP 退出机制（主要指 PPP 后期保障机制），同时要突出研究重点，如 PPP 产权设计和治理机制，是 PPP 进入机制的核心。第二，五大机制形成的是一个链条，即 PPP "识别→（特别是 PPP 项目股份制、混合所有制建设中的）产权设计和治理→风险分摊和处置→过程调适和监管→后期保障"机制链，这一机制链构成一个运行闭环，为 PPP 模式建设"保驾护航"。第三，五大机制还可以从另外的视角来分析，即将其整合为 PPP "建设—管理"机制和 PPP "进入—退出"机制，前者研究如何在建设中管理、在管理中建设，从而形成建设机制与管理机制的联动机制；后者重点关注合作载体机制建设问题以及进入和退出的整合机制建设问题。

（2）PPP 模式适应性建设研究

PPP 模式适应性建设研究，即 PPP 模式建设项目在经营性领域、准经营性领域和非经营性领域这三大领域的各自适应性。在此，要在内在机理挖掘、运行机制揭示的基础上，进行 PPP 模式建设具体方式的选用，即比较各种合作方式的适用性，确定哪些适用于经营性、准经营性项目或领域，哪些适用于非经营性项目或领域。

（3）PPP 模式职教领域和高职领域对接性建设研究

对接性建设研究着力研究 PPP 模式内在机理和运行机制是如何对接于职教领域特别是高职领域的。原因在于，一是职教领域以及其中的高职领域 PPP 模式研究，是非基础教育领域 PPP 模式研究的薄弱部分；二是在职教领域以及其中的高职领域推进 PPP 模式建设，有对其邻近领域——包括前邻近领域和后邻近领域——进行印证和推广的适应条件。关于"印证"和"推广"问题，将在接下来的内容进行分析。

2. 国内研究放大了国外研究"发挥空间"的弹性

与此同时，国外研究也给国内研究提供了发挥的空间。然而，正是这个"发挥空间"也可能带来失范性，从而引致实践操作的随意性和"自我性"。我国对于 PPP 的理解，官方释之为"政府和社会资本合作"，较早见于《国务院关于创新重点领域投融资机制鼓励社会投资的指导意见》（国发〔2014〕60号文），随后被广泛用于政府文件。在此，政府部门将"私"界定为社会资本而非仅仅是私人部门或私人资本，因而 PPP 模式被官方称为"政府和社会资本合作模式"，将以"建设—经营—转让"模式（BOT）为代表的移交类以及委托运营类（O&M）、管理合同（MC）等操作模式统称为"政府和社会资本合作模式"，即所谓的"PPP 模式"。关于政府和社会资本合作模式的"玄妙"，以及为什么在我国 PPP 模式不叫"公私合作伙伴关系模式"或"公私伙伴关系模式"，以下的分析会渐渐给出答案。

将作为"政府和社会资本合作模式"的 PPP 模式与作为"公私合作伙伴关系模式"或"公私伙伴关系模式"的 PPP 模式稍做比较，前者的"政府"与后者的"公"可以等同，但前者的"社会资本"则较后者的"私"要宽泛很多，这为 PPP 建设实践中政府或"公"方引入公有或国有性质的合作者以形成中国特色的 PPP 模式做了铺垫，也为 PPP 模式建设的弹性操作甚至扭曲操作埋下了伏笔。

3. 国内外研究者对 PPP 的界定尚未达成完全共识

由于对 PPP 的内涵和外延存在认识和理解上的偏差和不一致，国内外研究者对 PPP 的界定尚未形成共识。国内宽泛意义上的公私合作伙伴关系或公私伙伴关系研究可以追溯到 20 世纪 80 年代社会领域引入市场成分的改革。当时,我国就开始探索在基础设施和市政公用事业领域采用 BOT 模式进行合作。① 实际上,当时的 BOT 模式就是一种 PPP 模式,只是未冠 "PPP 模式" 之名。但是严格意义上的、有意识的、冠以 "公私合作伙伴关系" 或 "公私伙伴关系" 或 "PPP" 名称的研究,是近些年才出现的。学界有价值的倾向是:将 PPP 看作公共部门和私人部门之间的合作博弈,② PPP 中的 "私" 是 "私人部门" 而不是 "社会资本"。PPP 本质上是公共部门和私人部门就共同提供公共服务而达成的合约,法律意义上的合约关系表现为自愿承担的社会关系的子集。③

中外多达十几种典型 PPP 定义折射出国内外研究的差异,甚至国内学界和政界的界定也存在较大差异,这些对 PPP 的不同解读表明,由于发展阶段、意识形态、文化背景的不同,以及这些群体和组织所处身份、职业背景、认识视角、利益诉求的不同,对 PPP 的定义仍然未达成完全共识,或者说,对 PPP 内涵和外延的认识受到诸多因素的影响。以加拿大和美国为例,加拿大 PPP 国家委员会指出,PPP 是公共部门和私人部门之间的一种合作关系,其界定主要强调公私部门之间的风险分担和利益共享。美国 PPP 国家委员会则认为,PPP 是介于外包和私有化之间的、结合了两者特点的一种公共产品提供方式,并从项目生命周期角度强调了私人部门的参与,其界定尤其强调了私人部门的投融资。

4. PPP 有四大核心要素

但无论如何,PPP 一般被认为涵盖伙伴关系构建、公共产品和服务提供、利益共享、风险共担四大要素。④

"伙伴关系构建" 要素内含产权要素,这里的产权为包括所有权、经营

---

① 朱守鹏. PPP 模式在我国的发展历程、运用困境及对策研究 [J]. 工程经济, 2016(3).
② 张万宽. 公私伙伴关系治理 [M]. 北京:社会科学文献出版社, 2011.
③ 张万宽. 公私伙伴关系治理 [M]. 北京:社会科学文献出版社, 2011.
④ 贾康, 孙洁. 公私合作伙伴关系理论与实践 [M]. 北京:经济科学出版社, 2014.

权和收益权等权利的权利束；承诺并量化"私"方的产权及其份额，能够激励"私"方进行管理创新和技术创新，提高 PPP 项目的建设运营效率。"公共产品和服务提供"要素凸显的主旨是，所有 PPP 模式建设项目都要致力于满足公共服务需要。"利益共享"要素揭示了"天下熙熙皆为利来，天下攘攘皆为利往"的古训，任何冠以"合作"之名的建设项目概莫能外，PPP 模式建设项目也不例外。"风险共担"要素意指在 PPP 模式建设中，"公"方与"私"方按各自承担风险的能力来分担风险，既能有效降低各自所承受的风险，又能加强对整个项目的风险控制。这里特别说明的是，在中国 PPP 模式建设情景下，要特别强调"利益共享"与"风险共担"的对称性。中国建设特色社会主义市场经济，力图构建"强政府、强市场"的治理框架，然而"双强"架构设计在政府有意无意的越位、缺位、错位行为中，往往表现为"强政府、弱市场"的现实格局。也就是讲，由于"公"方往往有地方政府的背景，在合约签署、中后期实施等实际操作过程中，"公"方会挟强权或让"私"方就范，或中途爽约，从而使"私"方担心其正当利益难以保证而合作怯步、止步。同时，在叙述这四大要素时，使用的是"'私'方"而不是"私人部门"，正是顾及中国 PPP 模式建设的这种特定情景。

（二）高职领域 PPP 模式的的的引入是 PPP 模式在特定公共服务领域的应用

将这种基于公共品（含产品与服务）提供而建立的政府主体与非政府主体相互合作的模式，即将这种在政府公共服务中通过引入非政府主体——以"私"方主体为代表——而形成的"公""私"主体之间相互合作的模式，运用于特定的公共服务领域——高职领域，便形成了高职领域 PPP 模式，以此形成的项目即为高职领域 PPP 模式建设项目，简称高职 PPP 项目。如果高职 PPP 项目"附着"于产业学院建设项目，则为高职产业学院 PPP 项目，两者合称为"高职 PPP 项目或高职产业学院 PPP 项目"。

综上分析，高职领域 PPP 模式建设研究催生于风生水起的 PPP 建设研究与实践。本书是在政府治道变革即在政府推进治理方式和管理方式转变的大背景下，亦即在从社会管理向社会治理转变、从政府"统揽"到政府和市场"分担"演化的视域下，并在"职教或高职"场域下，在保有"合作性"内涵中彰显职业教育性特别是高职教育性特质，而展开对于以高职产业学院 PPP 项目为载体的"进入—退出"机制分析的。

二、高职领域 PPP 模式的理论溯源和实践悬念

（一）溯源高职领域 PPP 模式理论基础要回到 PPP 模式理论本身

1. PPP 模式理论奠基于公共经济学

起于财政学的公共经济学基本形成于 20 世纪 50 年代，起源的标志是萨缪尔森（Samuelson）1954 年发表的《公共支出的纯理论》一文；学科诞生的标志是马斯格雷夫（Musgrave）1959 年出版的《公共财政学理论：公共经济研究》。公共经济学兴起与发展的时代背景是 20 世纪 60 年代的西方政府财政危机、福利国家危机，以及由此而来的政府改革、公共服务市场化、民营化浪潮和伴之而生的新公共管理理论。

公共经济学是以研究公共品提供为发端而逐渐形成与发展的。作为公共经济学核心内容之一的公共产品理论，由休谟（Hume）在《人性论》中最早提出公共性问题之后，经由古典经济学家亚当·斯密发展，为奥意财政学派潘塔莱奥尼（Panteleoni）、马左拉（Mazzola）、马尔科（Marco）等建设成为系统学说，并通过萨缪尔森、阿特金森（Atkinson）、斯蒂格利茨（Stiglitz）的现代公共产品理论得以进一步发展；将公共品提供和生产区分开来，是 20 世纪后半叶公共品理论的重大发展，也是 20 世纪 80 年代欧美各国对公用事业实行"再私有化"实践的理论基础。[1]

2. 新公共管理理论是现代公共产品理论的重大发展

兴起于 20 世纪 80 年代的新公共管理理论，奠基于公共经济学、公共选择理论、新制度经济学理论，在进一步发展了这些理论的同时，也推动了现代公共产品理论的重大发展。

---

[1] 张琦，朱恒鹏. 公共品的非政府提供 [J]. 比较，2014（3）.

新公共管理理论的兴起，旨在"反叛"以威尔逊（Wilson）和古德诺（Goodnow）的"政治与行政二分法"以及韦伯（Weber）的以科层制理论为代表的官僚组织理论，而建立"三 E"新体系。"三 E"即经济（economy）、效率（efficiency）、效益（effectiveness）。20 世纪 80 年代初，英国的效率小组（时任英国首相的撒切尔夫人任命了一位效率顾问，并组成一个效率小组）建议在财务管理新方案中设立"3E"标准体系，以取代财务、会计指标等传统效率标准。其后，英国审计委员会将"3E"标准纳入绩效审计框架，并运用于地方政府以及国家健康服务管理实践。"3E"系统代表了绩效评估系统多元化发展的趋势。新公共管理理论以胡德（Hood）为主要倡导者之一，主要流派有弗里德曼（Friedman）和哈耶克（Hayek）的"小政府理论"、哈默（Hammer）和钱皮（Ciampi）的"流程再造理论"、霍哲（Holzer）的"政府公共部门绩效管理理论"和"基于回应性的政府全面质量管理理论"、奥斯本（Osborn）和盖布勒（Gaebler）的"重塑政府理论"等。公共品非政府提供，构成了新公共管理理论的核心思想之一。

（二）新公共管理理论也需要反思和建构

公共品非政府提供理论的基本思想是将公共品提供和生产区分开来，意指公共品具有多元化提供和多元化生产的特性。公共品非政府提供理论的核心命题是：面对委托—代理机制下惯常出现的三个实践问题（双方诱因不同而利益不一问题、受托者的规避行为问题以及监督成本问题），当事人如何确定代理人在满意价格下圆满完成被赋予的任务。这就是说，公共品的非政府提供所隐含的委托—受托关系及其衍生的多元责信等复杂问题成为新公共管理理论所追求的"本小利大"和"物有所值"的悬念。[①]

概言之，如何厘清政府规制与市场机制的边界，仍然需要深入的研究，并经过实践不断的检验。并且，新公共管理理论也需要反思和建构将公共管理与私营管理等同、以经济价值取代政治价值等问题；中国特色社会主义市

---

① 余冰，郭伟信. 政府购买服务的理论与实践探讨——以广州仁爱服务中心的社工服务购买为例 [J]. 广东工业大学学报（社会科学版），2012（1）.

场经济时代也得处理好四大难题：公共经济与私人经济的分界问题；市场和政府的关系问题；国家的生产性即国家的生产与供给问题；公共经济责权配置的明晰化和科学化问题。

（三）PPP 模式建设实践遵循"'硬经济'领域→'硬社会'领域→'软经济'领域→'软社会'领域"的原则顺序

1. 公共品非政府提供理论催生并指引 PPP 研究与实践

新公共管理理论蕴含的"公共品非政府提供"理论催生并指引着 PPP 研究。一方面，公共品非政府提供理论催生着 PPP 问题研究；另一方面，又指引并推动各国蔚然兴起 PPP 建设实践。从西方国家成长和发展的历程来看，PPP 模式建设实践遵循的原则顺序是，从"硬经济"领域到"硬社会"领域再到"软经济"领域最后到"软社会"领域，渐次演化和深化，当然也并非直线式的。

"硬经济"领域主要是指公共基础设施领域，典型的如公共交通运输（公路、铁路、机场、港口码头、桥梁）领域以及水利、电力、通信等领域。公共基础设施领域被世界银行称为"经济基础设施"领域。世界银行于 1994 年将基础设施区分为经济基础设施和社会基础设施，经济基础设施包括公用事业设施、公共工程设施以及其他交通部门设施。"硬经济"领域通常是经营性领域或经营性强的领域。"硬社会"领域通常是指医院、学校、文化、市政（城市供水、污水处理等）、监狱等所在的领域。在"硬社会"领域中，有的整体为准经营性（或准公益性）领域，如城市供水、污水处理等市政领域；有的局部（阶段、环节等）为准经营性（或准公益性）领域，如通常讲的文教卫领域（文化、教育、医疗卫生领域），或文教卫这些领域可以采取准经营的方式来运作。"软经济"领域主要包括研究开发、技术转移、（社会性）职业培训、囚犯改造等领域。"软经济"领域的性质与"硬社会"领域接近，只是在具体运作过程中要调适"经济"和"社会"的成分比例，这一比例的背后是对建设项目经营性和非经营性的权衡和处置。"软社会"领域多指社区服务、社会福利、安全保障等领域。"软社会"领域的非经营性性质虽然更为明确，总体为公益性领域，但在恪守社会责任、兼及社会效益的前提下，也可以适时适当地进行经营性运作。

2. 国际领域以及我国职教领域 PPP 模式建设正在和已经见证、扩散"硬经济"领域 PPP 模式建设成效

PPP 模式在以公共基础设施领域为代表的"硬经济"领域取得成功实践之后，逐步被应用到医院、学校等所在的社会事业领域，即"硬社会"领域。

有的研究者将公共经济学、新公共管理主张以及投融资经济学、成本分担理论等理论与教育领域对接，便形成了以 PPP 模式研究为重要代表的教育经济学命题，而职业教育经济学研究中的 PPP 模式建设及其机制研究成为其重要的子命题。这些相关研究大大推动了教育领域 PPP 模式建设、职教领域 PPP 模式建设和高职领域 PPP 模式建设。

从教育领域 PPP 模式建设来看，国外在基础教育领域理论研究方面成效显著，如拉洛奎关于基础教育 PPP 类型的划分；国际教育领域的 PPP 模式，典型模式有英国的私人融资计划、澳大利亚新南威尔士州的新学校项目、美国的特许学校和契约学校、菲律宾的学校领养计划等。[1] 这些 PPP 模式建设多为基础教育领域的实践见证。国内研究早期亦以基础教育研究为主，随后重点转向非义务教育特别是职业教育。目前，我国职教 PPP 项目和高职 PPP 项目渐渐增多，这既是职教领域 PPP 模式和高职领域 PPP 模式的实践应用，也是 PPP 模式的实践印证。并且，这一应用和印证效应会逐步向"软经济"领域和"软社会"领域扩散。问题的要害在于，职教领域 PPP 模式和高职领域 PPP 模式建设，不仅要在基本理论梳理、基本运行架构、案例推介、现实策略等研究和实施方面不断取得有效进展，不是只将职教领域 PPP 模式尤其是高职领域 PPP 模式作为投融资模式和建设模式来运作，而且更要将其作为职教供给方式创新模式和治理结构优化模式来实质性推进，以破解"如何凸显职教特征而着力破解模式建设中的资产流动性"难题。

---

[1]　阙明坤，潘奇. 发展混合所有制职业院校初探 [J]. 职业技术教育，2015（4）.

（四）PPP 模式建设的悬念回解和核心难题

1. PPP 政府规制与市场机制边界：理论上清晰而实践上困扰

从西方国家 PPP 模式建设的实践来看，公共基础设施领域等"硬经济"领域的建设项目，其价费机制相对成熟，需求稳定，投资规模大，最适于采用 PPP 模式来运作，其他领域则或多或少地具有 PPP 模式建设的"不适应性"。这主要是因为，在这些市场性不明显或没有充分挖掘的较为特殊的领域，尚不容易找到政府规制与市场机制的有效实践边界，正如无论是西方国家还是我国一直有市场经济与计划经济在实践中如何"量度"其分寸这一问题一样，这实际上是商业模式建设与社会模式建设之间的"匹配问题"，尽管从理论上分析市场经济和计划经济的关系是清晰的。

这就是说，新公共管理理论尽管在指导公共基础服务领域推进 PPP 模式建设实践方面取得了很大的成功，然而在指导将 PPP 模式推及其他领域时还是留下了"如何厘清政府规制与市场机制边界"的实践悬念，即西方并没有提供一揽子的解决办法。

2. 寻找公共品非政府提供理论的"中国特色"建设方略

中国特色社会主义市场经济建设正在试图破解"如何厘清政府规制与市场机制边界"的实践悬念，即在"中国特色社会主义"情境下，通过建立一种基于政府规制与市场机制有效对接即"公私"合作的新模式及其运行机制，来破解这一悬念；其诠释就是：致力于公共经济学和新公共管理理论的中国生动实践，以 PPP 模式这种新"公私合营"模式及其机制的创新建设为重要途径和重要手段，是破解政府治道建设瓶颈而提高政府投资效率和公共投资效率的新方略。

如今，PPP 模式建设如火如荼。这些或已落地，或正在实施的 PPP 项目，经营性项目居多，准公益性（或准经营性）项目总体偏少而呈逐步增多趋势，公益性项目真正付诸实施的则相对有限。造成这种局面的核心难题在于：这些项目主要是准公益性（或准经营性）项目，尤其是公益性项目，其能够被"公"方和"私"方等相关利益方都接受的商业模式还不成熟，或者还没有真正建立起来。为此，作为"硬社会"领域重要代表的职教领域特别是其中的高职领域——与区域经济成长联系最为紧密、产业属性更加凸显从而最具"经济性"的领域，被寄予厚望。

第二节　高职领域 PPP 模式建设效应

据上分析，在公共基础设施领域等"硬经济"领域以外的其他领域（包括"硬社会"领域、"软经济"领域和"软社会"领域），需要找到一个合适的"切口"，以此设立 PPP 模式印证性建设和推广性建设的"示范窗口"；由此，这个"示范窗口"就具有通过该领域进行回应的现实意义，此回应即为高职领域 PPP 模式建设的"'硬社会'领域式"回应。

以下论述表明，作为"硬社会"领域 PPP 模式建设的重要代表，高职领域 PPP 模式建设，通过发挥"涟漪效应"和"撬动效应"，能够成为建设这一"示范窗口"较好的"切口"；并且，"涟漪效应"和"撬动效应"两者本质上为一种"点面"效应。

一、高职领域 PPP 模式建设具有"涟漪效应"

高职领域 PPP 模式建设的"涟漪效应"，一方面表现为印证性效应，另一方面表现为推广性效应。或者说，高职领域 PPP 模式建设的"涟漪效应"是印证性效应和推广性效应的"复合"效应。

（一）表现之一：印证性效应

我国 PPP 模式建设也是沿着"先经营性领域、后非经营性领域"这一路径推进的，这可从国家陆续推出的 PPP 示范项目得到证实。财政部政府和社会资本合作中心全国 PPP 综合信息平台项目管理库信息显示，第一批 PPP 示范项目绝大部分来自公共基础设施领域，来自公共服务领域的项目仅 2 例，且无一例教育领域项目；第二批 PPP 示范项目中，陆续出现科教文卫类以及养老公共服务类项目，尽管仍居少数，在这大类项目（科教文卫类项目＋养老公共服务类项目）中有 12 例教育类项目，其中职教类项目就有 7 个，占比达到 58%。这表明，职教类 PPP 示范项目在科教文卫类或教育类项目中被优先予以考虑。职业院校中的高等学校——高职院校，其所在的高职领域属于"硬社会"领域，因此，按照 PPP 模式建设"'硬经济'领域→'硬社会'领域→'软经济'领域→'软社会'领域"的原则顺序——这个原则顺序已经经过西方先行国家的实践验证，高职领域 PPP 模式建设的顺序，原则上要后于"硬经济"领域而先于"软经济"领域和"软社会"领域。

基于这种先后顺序，推进高职领域 PPP 模式建设而产生的效应，则是一种"硬软"兼及效应，这种兼及效应首先表现为印证性效应，即对"硬经济"领域 PPP 项目建设成效的印证。这实质上是对前者的适应性印证和拓展性印证：一是印证 PPP 模式建设的普适性；二是印证"硬经济"领域 PPP 模式建设拓展于"硬社会"领域的适用性——包括一般性适用条件和特殊性适用条件。由此观之，这种印证性效应的意义在于：既能够为揭示高职领域 PPP 模式的基本内涵提供逻辑分析"起点"和演绎"场景"，又能够为指导高职领域 PPP 模式的建设实践提供运行"案例"和鲜活"材料"。

（二）表现之二：推广性效应

推进高职领域 PPP 模式建设而产生的这种"硬软"兼及效应，还表现为推广性效应。这表现在：一方面，高职领域 PPP 模式建设项目不仅会对高职领域、职教领域乃至教育领域本身产生直接影响，而且也会对高职领域、职教领域乃至教育领域以外的"硬社会"领域产生波及性和辐射性影响；另一方面，高职领域 PPP 模式建设项目又会对"软经济"领域 PPP 模式建设和"软社会"领域 PPP 模式建设产生渐进性、渗透性影响。

1. 高职领域 PPP 模式建设同样要解决"四大难题"

高职领域 PPP 模式建设之所以会产生推广性效应，首先就在于，高职领域作为职教领域中偏于"高等性"的子领域，其 PPP 模式建设同样要解决前文提到的"四大难题"：一是要解决高职领域 PPP 模式建设中"公"方与"私"方结构设计所凸显的社会责任与商业利益的合理分界难题；二是要解决高职领域 PPP 模式建设中政府有意识的引导指导与市场自发的调配调控的关系协调难题；三是要解决高职领域 PPP 模式建设中有合作意愿的"公"方如何甄别有实力、有情怀、有信誉的"私"方合作者难题；四是要解决高职领域 PPP 模式建设中"公"方内部责任的明晰化和科学化难题。这"四大难题"是 PPP 模式建设的"四大难题"在中国 PPP 模式建设尤其是中国高职领域 PPP 模式建设的特色反映。

2. 高职教育兼具"高等性"和"社会性"双重特性

高职领域 PPP 模式建设之所以会产生推广性效应，还有一个重要原因，即高职教育既具有"高等性"又具有"社会性"。高职教育既是职业教育中的高等教育，又是催生于并受益于以社会分工为代表的社会文明发展同时又促进社会持续进步的教育类型。作为一种职业性教育，高职教育是一种重要的社会实践活动，其本质由该实践活动所包含的诸要素之间的矛盾运动决定。因为随着社会分工的不断分化和整合，职业生活在人们社会生活中逐渐成为居于首要地位的实践活动；职业这种社会形态具有经济性、技术性和社会性，成为综合反映社会成员的生产和生活方式、经济状况、文化水平和思想道德水平的指示器或显示器。正因如此，高职教育就成为社会成员获得职业身份或职业资格的一种社会化过程。换言之，只有与社会生活和社会生活服务密切相关的高职教育，才具有生命力和广阔发展前景。高职教育这种"技术＋职业"的特有规定性，使其自觉和不自觉地处于市场经济的最前沿。显然，在"象牙之塔"与"社会责任"的天平权衡中，高职院校更应倾向于肩负时代赋予的责任。因而率先在高职领域这一子领域推进 PPP 模式建设，就更有"高等性"和"社会性"意义；以此为基础而向整个职教领域乃至社会领域进行创新性的复制，能够形成可推广的经验。

其"高等性"意义在于，在资源更为优质的高职领域推进 PPP 模式项目建设，更便于获取在整个职教领域推行 PPP 模式建设的经验甚至教训；不仅如此，在更具"经济性"和"产业性"的高职领域—职教领域进行 PPP 模式建设，也更便于获取在整个教育领域推行 PPP 模式建设的经验教训和基础条件。其"社会性"意义在于：高职领域—职教领域—教育领域 PPP 模式建设是以 PPP 模式建设项目来映射社会领域建设成就的，其中高职领域 PPP 模式建设是以该建设项目所承载的高素质技术技能人才培养使命来映射社会领域建设成效的，同时为社会领域中其他领域的 PPP 模式建设提供关于建设约束条件和建设参数等方面的参照。

二、高职领域 PPP 模式建设具有"撬动效应"

高职领域 PPP 模式建设的另一层意义，即在于形成了"撬动"效应：以高职领域 PPP 模式建设项目为杠杆，借以撬动职教公共服务供给机制的创新建设；并以此为基础促进高职院校形成多元利益主体下的新型治理结构，进而推进政府治理结构和社会治理结构的优化建设。也就是说，PPP 模式不是一种新的融资模式，而是公共服务供给机制的重大创新。[①]

由此可见，高职领域 PPP 模式建设所产生的这种"撬动效应"，较之其建设所产生的"涟漪效应"具有更深层、更深远的意义。可以这样说，高职领域 PPP 模式建设形成的"撬动效应"是高职领域 PPP 模式建设形成的"涟漪效应"的"升级"版。

（一）能够实现职教服务供给机制—公共服务供给机制的良性"链接"

对于"撬动效应"的分析，不妨以与高职领域 PPP 模式建设直接相关的公共领域投资体制机制改革建设为例，而公共领域投资体制机制改革建设又与社会治理结构和政府治理结构优化建设有着直接的联系。

1. 公共领域投资体制机制改革能够撬动政府治理和社会治理建设

具有"竞争性"特点却不具有"排他性"特征的公共资源往往是短缺的。为此，推进公共领域或具有公共领域特性的领域的发展建设，仅仅依靠公共部门自身的资源就越来越难以为继。这一点从理论上看，已为公共经济学和新公共管理理论所论证；从实践上看，亦被西方国家和我国的建设成效所印

---

① 王海平. 江苏大规模推广 PPP，鼓励社会资本参建 14 领域 [N]. 21 世纪经济报道，2015-09-29.

证。为此，便有了由于公共资源相对紧缺而欲激发民间投资或私人投资积极跟进的制度设计，就是说，公共领域投资体制机制改革必会牵发民间投资和私人投资的"伺机而动"。

这种制度设计旨在提高资本形成效率，其要义是，既要提高政府投资效率同时又要保障企业和个人投资自主权，还要致力于建立利益共荣、风险共担的激励机制，使各相关利益方能够聚集于政府治理和社会治理的架构之下。因此，公共领域投资体制机制改革建设具有撬动政府治理和社会治理优化建设的能效。

2. 高职领域投资体制机制改革建设能够促发公共领域投资体制机制改革建设

回到对高职领域投资体制机制改革建设的分析。根据上文可知，高职领域作为"硬社会"领域具有明显的公共领域特性，高职教育有着"高等性"、"社会性"、"经济性"和"产业性"诸多特性，高职领域也是人力资本培育的重要通道，因而在高职领域推进投资体制机制改革建设既必要又可行，而高职领域 PPP 模式建设就是一个重要的切入点。

高职领域 PPP 模式建设就是要通过建设有效的职教服务供给机制进而撬动有效公共服务供给机制的构建，让高职院校、合作企业以及其他相关利益者这些"可治理的重要单元"，"群英荟萃"于有秩序的政府治理和社会治理架构之中。于是，公共领域投资体制机制改革建设与创新职教服务供给机制—公共服务供给机制的高职领域 PPP 模式建设，就有了"不谋而合"的吻合性，两者通过"两端"即产业端和职教服务—公共服务端的吻合来建设一个"可治理的社会"。因而这里的"两端"实为在职教视域或高职视域下的"物质资本 + 人力资本 + 管理"供给端。

如此，通过高职领域 PPP 模式建设所推进的职教服务供给机制建设而撬动的公共服务供给机制建设，能够建立高职领域投资体制机制改革建设—公共领域投资体制机制改革建设—政府治理和社会治理建设的良性"链接"。

（二）"抓手"和"推手"彰显了高职领域 PPP 模式建设项目的杠杆效应

之所以能够建立职教服务—公共服务的良性"链接"就在于，"最经济"并且是社会公共服务重要领域的高职领域，是连接产业端和公共服务端的重要领域，该领域需要治理的高职院校则是这个"可治理的社会"的重要单元。

选择这样的领域和单元来切入 PPP 建设模式，其彰显的"载体"性意义就是：高职领域 PPP 模式建设项目这一承载体，可以成为"以高职教育发展促进区域经济社会协调发展"的重要"抓手"，成为推进人力资本供给制度改革的重要抓手，进而成为推进政府治理建设乃至国家治理体系和治理能力现代化建设的重要"推手"。"抓手"和"推手"正是杠杆的外在表现，具体而言，其正是高职领域 PPP 模式建设项目杠杆效应的具体表现和进一步显现，正是该承载体建设产生的"撬动效应"的反映。

三、高职领域 PPP 模式建设的"涟漪效应"和"撬动效应"实为"点面"效应

正是由于在兼具"社会性"特性的高职领域推进 PPP 模式建设，会产生"涟漪效应"和"撬动效应"，又由于高职领域是职教领域的子领域，职教领域又是社会领域的子领域，因而从职教领域的子领域高职领域这"一点"出发来推进 PPP 模式建设，可以此向职教领域乃至社会领域进行创新性复制，形成"点面"效应。

同时，高职领域所具有的产业性特质又使这一"出发点"建设顺理成章：在"硬社会"领域中更具"经济性"特性的高职领域推进 PPP 模式建设，以此为"点"，向前，与"硬经济"领域中的 PPP 模式建设相连；向后，又与"软经济"领域中的 PPP 模式建设和"软社会"领域中的 PPP 模式建设相接。在此，"前连接"是一种点对点的连接，因为以高职领域 PPP 模式建设为代表的"硬社会"领域 PPP 模式建设是对"硬经济"领域 PPP 模式建设的印证；"后连接"是一种点对点继而对线、对面的连接，因为高职领域 PPP 模式建设所代表的"硬社会"领域 PPP 模式建设，会逐步发散、波及从而辐射并渗透到"软经

济"领域 PPP 模式建设和"软社会"领域 PPP 模式建设之中，撬动形成良性的经济—社会运行架构。

四、高职领域 PPP 模式建设的反向实践映照

（一）"抓手"和"推手"的工具化和功利化有悖于社会治理法则

必须特别指出，高职领域 PPP 模式建设这一"抓手"和"推手"，如果工具化进而功利化，其同样具有的"涟漪效应"和"撬动效应"，所释放出的负能量亦巨大。这是因为，在社会领域的重要子领域高职领域推行 PPP 模式建设，如果仅仅是将其作为一种投融资机制来运作，或冠以"提供或优化职教服务"之名而"揽项目""圈资源"，高职领域 PPP 模式建设的功能就会被扭曲和"矮化"——其撬动的是被扭曲和异化的社会治理，是一种有悖于基本法则的社会治理。

社会治理的基本法则是通过"四个更强调"来彰显的。第一，社会治理更强调"双向互动"，这体现了现代、文明、法治的理念；对于高职领域 PPP 模式建设来讲，更强调的是"公"方应该遵循契约精神，因为契约精神正是现代、文明、法治理念的集中体现。第二，社会治理更强调多元参与，这能够激发非政府组织的活力和社会建设参与度；对于高职领域 PPP 模式建设来讲，更强调的是社会资本中的私人资本和民间资本在参与建设中所展现的活力和效率，这正是私人资本和民间资本积极参与而"风乍起"，吹皱社会治理"一池春水"。第三，社会治理更强调合作和协商，以探索应对"不均等"和利益多元化格局的制度性解决办法；对于高职领域 PPP 模式建设来讲，更强调的是"公"方与"私"方平等、互利合作的制度建设。第四，社会治理更强调公开和透明；对于高职领域 PPP 模式建设来讲，更强调的是相对弱势的"私"方以及其他利益相关方对于信息获知的完全性和对称性身份。

（二）"私"方被"放大"，有借学习西方之名而行投资扩张之实之嫌

对上述问题进行深入分析，需要对高职领域 PPP 模式建设作为"抓手"和"推手"而工具化和功利化的问题进行溯源。

　　基于 20 世纪 80 年代后期几个大型项目建设采用私人融资机制的经验，英国政府于 1992 年开始正式实行"私人融资计划"（Private Finance Initiative，PFI）。"私人融资计划"又称"私人部门融资创制"。历经几次改革，英国财政部于 2012 年 12 月又正式推出 PF2。PPP 模式这个被认为起始于英国撒切尔夫人执政时期、以 PFI 形式首创的模式，既给国内研究提供了重要借鉴，同时又可能被人为发挥，这会引致实践操作的随意性，中国 PPP 模式建设在实践中就有发生变异的苗头，而这种变异苗头也会散发到职教领域和高职领域。

　　详细的分析，需要对作为"政府和社会资本合作模式"的 PPP 模式与作为"公私合作伙伴关系模式"或"公私伙伴关系模式"的 PPP 模式进行比较。

　　1. 公（国）有（办）企事业单位实际只是政府的"影子"

　　比如说，如上所述，PPP 模式在中国被官方——主要是以财政部和国家发改委为代表的政府有关部门——解读为"政府和社会资本合作模式"，在此不难发现，"公私合作伙伴关系模式"或"公私伙伴关系模式"中的"公"方被解读为政府，政府直接代表"公"方，具有中国特色的政治正确性，不过实际上政府的背后还有大量的公有、国有、公办的企事业单位——公办高职院校就是公办事业单位中的一例。

　　将"政府"与"公"等同，这为我国 PPP 建设实践中政府能够主导 PPP 模式建设，做了明确的政策"背书"。这表明，在中国 PPP 模式建设中，政府——有关部门通常是其具体代表——有着最终和具有实质意义的话语权，而公有、国有、公办的企事业单位或具有公（国）有（办）背景的组织只是强势政府的"影子"而已。

　　2. "私"方的拓宽为中国特色 PPP 模式建设做了铺垫

　　"公私合作伙伴关系模式"或"公私伙伴关系模式"中的"私"方被解读为社会资本，在此仔细比较可以发现，"私"方被拓宽了，被"放大"为社会资本。这里，社会资本当然包括私营企业，这是典型的"私"方，其实，就 PPP 的本义来讲，私营企业才是"私"方的经典含义。但在当前语境下，社会资本还包括集体企业和外资企业，甚至还可以扩及非地方政府辖区内的国企和地方政府融资平台。由于国情的不同以及政策导向等原因，私企被扩展到社会资本以后，不仅外延大大拓宽了，内涵也发生了相应的变化。从更宽泛的意义上来理解，社会资本是指除政府直接投资和直接控制的投资而形成的资本以外的资本。

由上分析可见，将"社会资本"与"私"等同，这为我国 PPP 建设实践中，政府主导、控制的"公"方引入公有、国有、公办或此类性质的合作者，以形成中国特色的 PPP 模式做了铺垫。这也使得"政府和社会资本合作模式"中的 PPP 结构设计，较之"公私合作伙伴关系模式"或"公私伙伴关系模式"的 PPP 结构设计要复杂得多。对此，后文特别是第四章会有专门的分析。

3. 警惕 PPP 模式成为政府融资工具或债务处理工具的负面倾向

进一步分析政策导向等原因表明，一旦"公"方被认定为政府，尤其是"私"方被"放大"为社会资本，PPP 被定位为政府融资工具或政府债务处理工具的倾向就比较明显。这其实是符合 PPP 国际发展初衷的，PPP 本身隐含了融资要素，学者 Ghavamifar 的调研结果证实，在政府主导的投资融资建设机制中，由私人部门承担一部分融资责任是 PPP 模式区分于其他方式的重要因素。

问题的要害在于，如果将这种倾向一味强化，我们就不能算是站在新的起点上"拿来"并加以创新发展，而有借学习西方先进的管理理念和建设方法之名而行投资扩张之实的嫌疑。现在很多地方出现借 PPP 项目违规举债、变相融资的现象，PPP 模式会被异化、泛化应用。[1]PPP 被违规滥用、异化为地方政府的融资平台工具。"明股实债""固定回报""保底承诺""政府隐性担保""以购买服务名义违规为 PPP 项目融资"等现象时有发生，有违 PPP 模式的根本宗旨与原则，加剧了地方政府隐性债务来源，[2]这样就偏离了 PPP 模式建设的本义，也造成了 PPP 模式建设研究和实践的困扰。

① 降蕴彰. 基建投资重新加码 [J]. 财经，2017（3）.
② 赵全厚，张立承. 我国 PPP 项目去伪存真成效初显 [N]. 中国财经报，2019-01-03.

五、高职领域 PPP 模式建设终在撬动"有秩序的社会架构"的创新建设

（一）"抓手"和"推手"的工具化进而功利化映照出随意性和"自我性"

由上分析可见，目前 PPP 模式建设项目的实然状态与应然状态之间存在较大差异，这种差异是"公"方被等同于政府，而"私"方被"放大"为社会资本后产生的负效应，这种负效应当然同样会对高职领域 PPP 模式建设产生波及性、辐射性进而渗透性影响。

由此看来，"抓手"和"推手"的工具化进而功利化，就成为高职领域 PPP 模式建设的反向实践映照：一方面，它是对于"硬经济"领域 PPP 模式项目建设实践的扭曲性印证；另一方面，它又是对"软经济"领域 PPP 模式项目建设实践和"软社会"领域 PPP 模式项目建设实践的随意性和"自我性"解读。这种随意性，多为政府以社会领域的重要领域——职教领域或高职领域为平台，以其所能支配的资本而带动其他资本跟进的投资扩张性，如果任其发挥的话，隐患多多；这种"自我性"，则多为政府为实现其政绩目标而在职教领域以及其中的高职领域，对 PPP 模式项目建设的强力推动。

（二）高职领域 PPP 模式建设所推进的发展方式转变是"有秩序的社会架构"的重要"机会窗口"

一言以蔽之，要谨防"抓手"和"推手"的工具化进而功利化，谨防对于"抓手"和"推手"的随意性和"自我性"解读。

也就是说，高职领域 PPP 模式建设不是借"职教领域为具有'经济色彩'的重要社会领域"之名而"推介"PPP 这种投融资模式或建设模式，而是以职教领域或高职领域投融资机制的创新建设为契机，来推进高职院校建设模式、办学机制、治理结构的优化建设，进而推进社会治理体制的创新建设；即以这种投融资模式的创新建设为契机，来实现以建设模式、办学机制、治理结构完善和优化为核心内容的职教发展方式以至教育发展方式的转变，进而撬动一个"有秩序的社会架构"的创新建设。这也是我国高职教育和职业

教育发展，通过推进 PPP 模式建设，而沿着党的十九届四中全会所指引的"推进国家治理体系和治理能力现代化"方向迈进的生动体现。

（三）推进高职领域 PPP 模式建设是发展职教购买服务和混合所有制职业院校的重要方略

党的十九届四中全会"推进国家治理体系和治理能力现代化"建设战略，与十八届三中全会的精神，以及国家为建设职教强国而发布的《国务院关于加快发展现代职业教育的决定》的政策引领和为此颁布的《国家职业教育改革实施方案》的实施指南，是一脉相承的。可以说，推进高职领域 PPP 模式建设，正是贯彻党的十八届三中全会精神，践行《国务院关于加快发展现代职业教育的决定》（以下简称《决定》）和《国家职业教育改革实施方案》（以下简称《实施方案》）政策要求的具体表现。

1. 以高职领域 PPP 模式建设发展职教购买服务

党的十八届三中全会提出了"使市场在资源配置中起决定性作用"的论断。以这一论断指引高职教育发展，即要更好地运用市场机制解决高职教育发展的难题；贯彻落实全会关于"创新社会治理体制"精神于高职教育发展，大力推进政府购买高职服务和相互委托管理是有效突破路径；而《决定》所提出的要"探索公办和社会力量举办的职业院校相互委托管理和购买服务的机制"的要求，就是对全会精神的具体贯彻落实。

推进相互委托管理和购买服务机制建设，这也是《国务院办公厅关于政府向社会力量购买服务的指导意见》（以下简称《指导意见》）政策的延续。《指导意见》明确，承接政府购买服务的主体为符合要求的社会力量。这个社会力量比"政府和社会资本合作"中的社会资本更加宽泛，即既指企业等社会资本，也包括中介性、非官办的社会组织和机构——当然也包括这种性质的教育组织。因而社会力量与 PPP 所定义的社会资本如何对接，成为需要破解的重要问题；即是说，动员包括社会资本在内的社会力量投身高职教育领域建设，而实现政府购买社会服务或高职教育服务中的社会力量与 PPP 所定义的社会资本的有效对接，这正是将 PPP 模式不仅作为一种融资机制而推行，更作为一种社会管理机制和社会治理机制而创新建设要着力研究解决的问题——高职领域 PPP 模式机制的创新建设理应是其中的重要内容。具体言之，要实现《决定》政策与《指导意见》政策的对接，需在政府购买职业教育和高职教育视域下找到一种有效的承接体，而高职领域 PPP 模式建设项目正是很好的创新运作载体。事实上，以高职领域 PPP 模式建设项目承载政府购买高职服务是顺理成章的，因为政府购买服务蕴含着 PPP 模式所彰显的公共品生产与供给分离的本质。政府购买服务与 PPP 均涉及政府公共部门与社会力量的合作，PPP 项目运营、维护环节中"政府付费"可以被看作一种政府购买服务行为，因此 PPP 模式在实质上是一种政府购买行为，[1] 尽管政府购买服务在内涵和外延上较 PPP 模式更宽泛。

政府购买服务在中国的发展，经历了从学习模仿到改造与创新并举阶段的演变。这种变化的主旨是，努力使其成为蕴含"政府出资、定向购买、契约管理、评估兑现"理念的政府公共服务供给方式和社会管理运行机制；[2] 但目前的政府购买服务研究仍然缺乏反思性、批判性和系统性的建树，社区建设、社会救助等传统领域的研究相对较为成熟，亟待在其他领域拓展更具实质性的研究，以破解实践中的诸多难题。2005 年，浦东新区政府开委托管理实践先河，为教育领域的政府购买公共服务研究提出了"向谁购买""购买什么""如何购买""购买绩效"四大问题。而职教领域的政府购买公共服务研究即政府购买职业教育服务研究——其中以政府购买高职教育服务研究为代表，仍然需要在保有自身特定要求中着力突破这四大问题。第一，"向谁购买"是要研究解决购买服务建设中，政府与以社会资本为重要代表的社会力量进行对接的机制构建问题。显然，以推进高职领域 PPP 模式建设的方式来构建这种对接机制，是便捷而有效的。第二，"购买什么"是要研究解决高职教育购买服务的属性定位问题，即要厘清高职教育服务中不同性质的服务和

① 张朝晖，张春海. 政府购买服务融资思考 [J]. 中国金融，2017（23）.
② 陆春萍. 我国政府购买公共服务的制度化进程分析 [J]. 华东理工大学学报（社会科学版），2010（4）.

不同所有制形式的服务，它们与纯公共产品、准公共产品、私人产品之间的对应关系问题。不同性质的服务，比如职业学校服务和职业技能培训服务；不同所有制形式的服务，比如公办职教服务和私人职教服务。第三，"如何购买"是要研究解决购买方式问题并与高职领域 PPP 模式建设运作机制和具体运营方式相衔接问题。第四，"购买绩效"是要研究解决高职教育服务购买的评估机制构建问题。要注意的是，鉴于职教领域特别是公办职教领域的特殊性，对于包括高职教育资源在内的职教资源的配置，不宜"发挥市场机制的决定性作用"，而是"更好地发挥市场机制的作用"。

2. 以高职领域 PPP 模式建设发展股份制、混合所有制职业院校

《决定》还提出，要"探索发展股份制、混合所有制职业院校"。为落实这一要求，《实施方案》也提出，要"支持和规范社会力量兴办职业教育培训，鼓励发展股份制、混合所有制等职业院校和各类职业培训机构"。由此可见，《决定》和《实施方案》都明确提出了建设股份制、混合所有制职业院校的要求，而股份制、混合所有制职业院校建设的重要立足点，就在于在现有的职业院校建设规划和方案中，既有的以"公"方为主导的职业院校资源存量中，能够有"私"方增量的加入，注入新的动能。对于优质资源相对集中的公办高职院校来讲，以推进高职领域 PPP 模式建设的方式，实现资源整合、"公""私"互补，更有标杆意义。

由上分析表明，践行以上论断、精神、政策要求并实现其有效贯通，是要在治道变革的局势下，寻求能够促进高职院校建设模式、办学机制和治理结构完善和优化的一种有效承载体，而高职领域 PPP 模式正是这个"有效承接体"的较优选项。无论是公办职业院校购买服务机制建设，还是股份制、混合所有制职业院校建设，以推进高职领域 PPP 模式建设的方式来引入社会资本和社会力量是重要方略，以此动员社会力量积极投身高职领域建设，尤其是动员"私"方这个社会力量的核心代表"搅局"高职领域建设，以激活公办职教资源，完善公办高职院校的建设模式和办学机制，是"更好地发挥市场机制作用"的"公私"合作大时代赋予的历史使命。

第三节 本书的研究框架

对高职领域 PPP 模式进行历史探究，是为了从源头上揭示高职领域 PPP 模式的内在机理，为高职领域 PPP 模式建设——包括研究建设和实践建设——做溯源性理论准备；高职领域 PPP 模式建设效应则是这种研究建设、政策引导和实践建设的正向和反向实践映照；与此同时，这种映照也有一个在建设中不断"矫正""澄清"从而实现"清晰""亮丽"的过程。这便给现实研究也为本书研究留下了空间。正是如此，本书研究才有意义。

本书是从 PPP 模式内含的基本原理出发，以职教领域 PPP 模式特别是高职领域 PPP 模式的基本特征为基础，以产业学院建设项目为载体和实践建设"样本"，通过产权架构及其治理机制等进入机制建设，通过退出机制建设以及两者的连带机制建设等研究，来聚焦"进入—退出"机制建设的。

一、研究意义

本书的研究意义体现于研究的价值上，包括理论价值和实际应用价值。

（一）理论价值

1. 揭示了高职领域 PPP 模式的内在机理

本书通过实现"两个'四个合作'"的对接，即高职院校合作办学、合作育人、合作就业、合作发展的内在驱动力对接于高职领域 PPP 模式伙伴关系构建、高职—职教服务提供、经济利益共享和社会责任担当、风险共担的内在机理，既丰富了"两个坚持"的内涵，又拓展了研究的视野。

这里，第一个"四个合作"，指高职院校合作办学、合作育人、合作就业、合作发展；第二个"四个合作"，指高职领域 PPP 模式伙伴关系构建、高职—职教服务提供、经济利益共享和社会责任担当、风险共担，是 PPP 模式四大基本要素——伙伴关系构建、公共产品和服务提供、利益共享、风险共担，在高职领域具体而生动的反映；特别地，社会责任担当显现的是对合作方社会效益的约束，彰显的是合作方对职教社会责任的承诺；"两个坚持"则是习近平总书记就加快职业教育发展做出的"坚持产教融合、校企合作，坚持工学结合、知行合一"重要指示。

2. "三凸显"彰显了高职领域 PPP 模式研究的学术价值

"两个'四个合作'"的对接，将职业技术教育学中的"合作"问题研究，通过"合作载体 + 建设模式"逻辑组合，优化或转换了研究范式，而由此凸显了高职教育中观问题研究——合作载体及其建设模式研究是重要代表，在整个研究中"三者有其一"的不可或缺的地位。即以高职领域重要的中观问题研究——以产业学院为建设载体、以"进入—退出"机制建设为重要代表的高职领域 PPP 模式研究为牵引，贯通高职领域宏观问题研究和微观问题研究，由此凸显高职领域 PPP 模式研究在整个 PPP 问题研究中的地位，凸显高职领域 PPP 模式机制研究在职教领域 PPP 研究中的地位，凸显高职领域"进入—退出"机制研究在职教领域 PPP 模式机制研究中的地位。

对于高职领域—职教领域 PPP 模式及其"进入—退出"机制研究，目前尚缺乏深入、系统的分析。"三凸显"彰显的学术价值在于，力求突破既有研究囿于政策需求而多从投融资模式研究 PPP 问题之弊，以高职领域—职教领域 PPP 模式机制研究为切入点和突破口，来考量与区域经济联系最紧密的职业教育和高职教育在推进区域社会管理模式和社会治理机制创新方面的独特作用，而这种"独特作用"正是本书独到性的重要载体。

（二）实际应用价值

1. 工具性价值

产业学院建设类型的划分——产业学院纯股权式 PPP 模式建设和产业学院实体项目式 PPP 模式建设，为产业学院乃至"两个坚持"建设实践而引入了"公"与"私"合作的理念、模式和机制，既彰显了合作、开放、共享、互赢的实践价值，又为其提供了新的分析方法和工具——通过落脚于具有"流动性"意义而更具政策效应和操作指导性的"进入—退出"机制建设，有了更适切的承载内容、承载形式和承载模式。

2. 适用性价值

以产业学院为载体的高职领域 PPP 模式及其"进入—退出"机制研究，可为"硬社会"领域的其他领域以及"软经济"领域、"软社会"领域 PPP 模式建设提供应用指导；由此"关照"了 PPP 模式在不同领域（"硬基础"设施服务领域、"软基础"设施服务领域）对于不同性质项目建设的适用性，特别是对于"软基础"设施服务领域、对于准经营性和非经营性项目的适用性。

二、研究思路

基于经济领域—职教领域变革渐趋深入的格局和对"PPP 模式热"的冷思考，依照"理论分析→实证研究→应用指导"的研究路线，以深化"两个坚持"体制机制为统领，以产业学院为代表性建设载体，以 PPP 模式内在机理为理论基石，以"四大研究"为基本内容，着力研究产业学院牵引的高职领域 PPP 模式及其"进入—退出"机制，采用科学、务实的方法，为探寻激发公办高职院校办学活力、激活公办高职教育资源的建设方向和路径，为形成有高职特色的良性治理结构，提供理论支持和有应用价值的成果；并由此为构建"职教—经济—社会"良性生态，为社会事业或准公益性和公益性事业持续发展提供新方略。

值得注意的是，本书要努力实现上述理论基础与职业教育发展所处时代背景的对接，并通过透析产业学院承载的高职领域 PPP 模式建设问题，深入披露职业教育特别是高职教育发展中的现状、问题特别是困境，以及在新时代的机遇和挑战，引申出为"战略—模式—路径"服务的重大命题。

三、主要内容

本书主要基于高职领域 PPP 模式的经济性趋利取向和公益性价值导向的混合特征，进行该模式内在机理、运行机制和运作方式的适用性研究，以此揭示、阐释高职领域 PPP 模式的内在根据、原理和差异性，并指导具体应用。

（一）主要研究脉络为"四大研究""三大板块"

本书的主要脉络是"四大研究""三大板块"，其中"四大研究"指高职领域 PPP 模式内在机理研究、高职领域 PPP 模式运行机制研究、高职领域产业学院 PPP 模式研究、高职领域 PPP 模式运作方式研究。

PPP 模式应用于高职领域，则高职领域 PPP 模式运行机制具有"承前""启后"——承"内在机理"而启"运作方式"的功能，即一方面将高职领域 PPP 模式内在机理运用于其中，另一方面又规制了高职领域 PPP 模式的运作方式。因而实质性推进高职领域 PPP 模式建设，机制运行建设举足轻重，在此，能够集成并凸显机制运行核心的"进入—退出"机制问题成为重中之重。在有着"牵一发而动全身"之效的"进入—退出"机制运行中，作为"关前"通道运行的进入机制，对"关后"通道运行的影响是先导性、命脉性以至全局性的，而产业学院建设又具有进入机制建设的载体性意义。

"四大研究"可以整合为"理"研究、"机"研究、"方"研究三大板块（见图 1-1）："理"研究即高职领域 PPP 模式内在机理研究，其主旨在于以公共经济学、公共管理理论、委托—代理理论、产权理论、教育成本分摊理论等为基石，通过深度梳理国内外相关研究成果，为后续研究提供理论支撑；"机"研究即运行机制研究，其主旨在于提供运行机制指引，并着力研究以产业学院为载体的高职领域 PPP 模式"进入—退出"机制；"方"研究即运作方式研究，其主旨在于提供在机理支撑下、机制指引下的运作方式指导。高职领域产业学院 PPP 模式研究，可归于这"三大板块"中，主要是归于其中的"机"研究——高职领域产业学院 PPP 模式运行机制研究，以及"方"研究——高职领域产业学院 PPP 模式运作方式研究。

（二）具体研究内容

1. 高职领域 PPP 模式内在机理研究

本书沿着历史发展的脉络，从 PPP 模式内在机理的一般原理中，推演出高职领域 PPP 模式的内在机理。其主要包括：PPP 模式基本原理和基本问题研究；高职领域 PPP 模式探源分析；高职领域 PPP 模式内涵研究；高职领域 PPP 模式特征研究。

2. 高职领域 PPP 模式运行机制研究

本书是以高职领域 PPP 模式内在机理研究为依据，进行以"进入—退出"机制为核心的高职领域 PPP 模式机制的运行及其设计研究，具体包括：高职领域 PPP 模式建设效应研究；高职领域 PPP 模式机制体系研究；高职领域 PPP 模式进入机制研究；高职领域 PPP 模式退出机制研究；高职领域 PPP 模式"进入—退出"机制研究。

3. 高职领域产业学院 PPP 模式研究

本书是以高职领域 PPP 模式内在机理研究为依据，以高职领域 PPP 模式运行机制研究为基础，从产业学院问题的历史拷问和现实审视出发，集中阐述产业学院建设的载体性意义，并以此落实于对现有范例的剖析和对样本案例的设计。同时需要指出，本书除了专辟一章以外，相关内容还散见于其他各章的分析中，因为产业学院的运行都是"镶嵌"其中的；或者说，各种的机制运行都"精彩纷呈"着产业学院的运行。

4. 高职领域 PPP 模式运作方式研究

本书是以高职领域 PPP 模式运行机制研究为指引，落脚于高职领域 PPP 模式建设的具体形式应用，具体包括：PPP 模式运作方式高职领域适应性研究；高职领域 PPP 模式运作环境研究。前者主要是对可能的主要合作方式的优劣和适用性进行比较；后者主要是对政策环境和法律法规等规制环境的研究。可能的主要合作方式，主要有教育股份制和混合所有制特殊目的载体 / 机构（special purpose vehicle, SPV）方式、公办托管、国有民办、民办公助、租赁托管、BT、BOT、特许经营方式等。本书试图回答哪些方式适用于经营性领域（项目）或准经营性领域（项目）或非经营性领域（项目）并与职教领域应用对接。

研究框架

- "理"研究
  - 基础理论深化研究
  - PPP 模式一般原理研究
  - 高职领域 PPP 模式运行原理研究
- "机"研究
  - PPP 模式一般运行机制研究
  - 高职领域 PPP 模式运行机制研究
  - 高职领域 PPP 模式"进入—退出"机制研究
    - PPP 识别机制研究
    - PPP 产权设计和治理机制研究
    - SPV 载体设计机制研究
    - PPP 风险分摊和处置机制研究
    - PPP 过程调适与监督机制研究
    - PPP 后期保障机制研究
- "方"研究
  - PPP 模式运作方式比较研究
  - 高职领域 PPP 模式运作方式适用性研究
  - 高职领域 PPP 模式运作环境研究

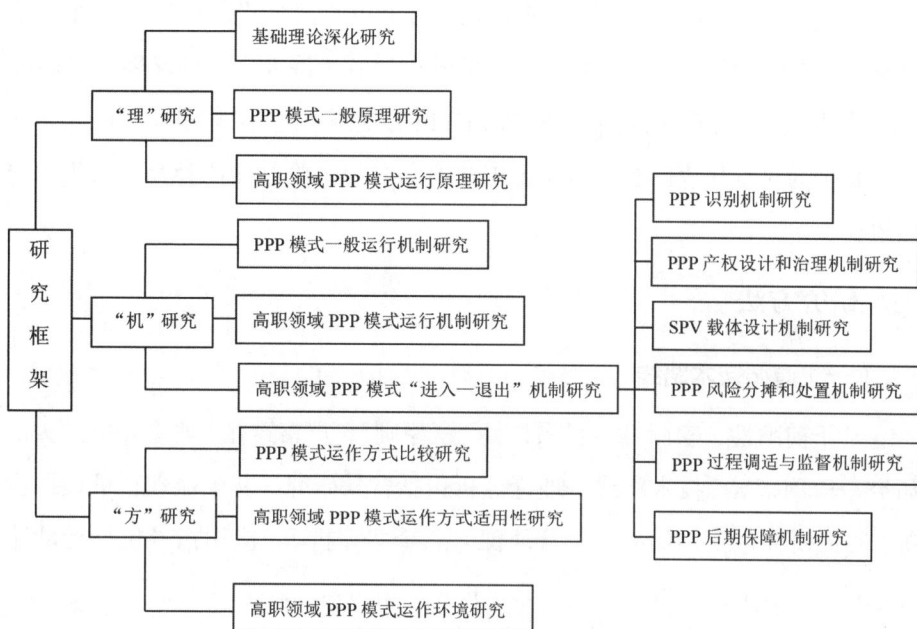

图 1-1　研究框架

特别要说明的是，高职领域产业学院 PPP 模式研究是"镶嵌"在这"四大研究""三大板块"之中的。

（三）研究重点和研究难点

1. 研究重点

本书的研究重点为高职领域 PPP 模式运行机制。一是进入机制研究，核心是如何设计出能让社会资本"愿意进""留得下""能说话"的运行架构；二是退出机制研究，核心是如何设计出能让社会资本"有预期（收益）""有责任""流得畅"的退出通道。这是前后两端的核心问题，也是对高职教育与区域经济社会联动建设有"牵一发而动全身"之效的问题。当然，这种设计是以产业学院为载体的。

2. 研究难点

本书的研究难点概括起来就是，如何协调以产业学院为载体的高职领域 PPP 模式建设中"职教性"与"经济性"的关系；这一难点从更高层面来看，是如何将在"硬经济"领域运用自如的 PPP 模式，同样自如地运用于以高职领域为代表的"硬社会"领域，使高职领域 PPP 模式建设所推进的产业学院能够将"两性"承载其中。"两性"是指既要保有经济性之本性又能凸显职教性之特性。其中要破解的瓶颈是：如何在既有规制下进行"增量性突破"——让以私企为典型代表的社会资本能够享有与其经济收益和社会责任相匹配的话语权。

四、研究方法

（一）遵循技术路线

基于前瞻性、实际性、可操作性"三原则"，严格遵循"理论分析→实证研究→应用指导"技术路线。理论分析包括背景研究、文献梳理、机理探析等；实证研究包括调研跟踪、分块深入、个案评析等；应用指导包括行动路径选择、方式方法选取、研究成果呈现（决策参考、政策建议等）。

值得注意的是，其间要突出（职业）教育经济学研究的特色和优势，嵌入并集成多学科知识和多研究工具。这是因为 PPP 模式建设是一个涉及公共服务、资源配置、法律法务、社会管理等多学科、多知识、多技术技能的理论与实践体系。另外，个案评析不在案例本身，而是通过案例剖析达到归纳和提升的目的——试图为机理和方式研究总结出具有启示性、指导性的思路、观点或实操指引。

（二）坚持"三结合"

1. "浓缩法"和"点面法"相结合

"浓缩法"和"点面法"相结合，即将各合作载体建设问题"浓缩"于产业学院建设问题中，将教育治理模式建设、教育发展方式转型问题"浓缩"于高职领域 PPP 模式建设问题中，以聚焦研究主题；同时从具体某一主题这"点"出发，又推及对"高职院校产业学院创新建设—以 PPP 模式推动产业学院建设—其中的'进入—退出'机制建设—职业教育与区域发展新型联动机制构建"系列问题的广角分析。

2. "解构法"和"整合法"相结合

"解构法"和"整合法"相结合，即将研究主题解构为高职领域 PPP 模式各机制的运行，从其内部运行剖析出发，以各自的相对独立运行来"数说"高职领域 PPP 模式及其"进入—退出"机制研究主题，是为合中有分、分中有合。

3. "大气法"和"地气法"相结合

"大气法"和"地气法"相结合，即既紧扣时代脉搏又高屋建瓴，可谓"大气"；又与项目试点学校及其所在地区和城市的实际相结合，特别是与职教发展以及社会事业发展实际相结合，是为"接地气"。

坚持"三结合"，就是坚持理论考证与实证检验相结合，文献梳理与实践总结相结合，最新发展动态与所在地区实际相结合，传承与创新相结合。

第二章
高职领域 PPP 模式：机理揭示与机制运行

CHAPTER 2

PPP 项目的主旨，是建立公私合伙制或公私合营制。相较于 20 世纪 50 年代我国曾推行的公私合营运动，现今的 PPP 模式可称为"新公私合营制"。

根据第一章对高职领域 PPP 模式探源和高职领域 PPP 模式建设效应的分析，简言之，高职领域 PPP 模式是指在公办高职领域项目建设中，"公"方基于优化高职—职教公共服务而引入"私"方形成的公私主体之间相互合作的模式。"政府和社会资本合作模式"是给予 PPP 模式具有中国特色的内涵界定，这里的"公"方指公办高职院校及其背后的政府；"私"方既指以"私企"，即私人企业为典型代表的非国有企业——按第一章分析也不限于此，又指"私校"，即拥有资本的非国有的各类各级学校。

第一章关于高职领域 PPP 模式的探源，以及本章关于高职领域 PPP 模式内涵和高职领域 PPP 模式特征的分析，这些内在机理的揭示，都是高职领域 PPP 模式机制运行的理论基点。如果说高职领域 PPP 模式的探源重在进行历史的追溯，或者说是从历史走到现实的考察，那么对于高职领域 PPP 模式内涵和特征的分析，则是对高职领域相关问题及其社会表现等现实问题的深度观察。

第一节　高职领域 PPP 模式的内涵

第一章从"理"研究入手，即从 PPP 模式基本问题出发，对高职领域 PPP 模式进行了探源式分析；问题在于，对于高职领域 PPP 模式内在机理研究，不能限于这种探源式分析——高职领域 PPP 模式内涵的剖析理应构成内在机理研究的重要内容。由此，揭示与 PPP 模式基本问题以及高职领域 PPP 模式探源问题相适应并有其自身特性表现的高职领域 PPP 模式的内涵，就显得必要又合乎深入推进高职领域 PPP 模式建设的需要。

一、从"三性"中揭示高职领域 PPP 模式的内涵

目前职教领域及其高职领域的 PPP 建设项目渐多，职教领域 PPP 模式和高职领域 PPP 模式作为 PPP 模式在职教领域和高职领域的创新性应用，引发了关于"职教领域和高职领域 PPP 模式建设"命题的新问题、新思考。从高职领域来看，对高职领域 PPP 模式的内涵进行界定就是其中一项基础性工作。

认识和把握高职领域 PPP 模式的丰富内涵，总的基调是：要在挖掘和展现"三性"即一般性、教育性、职业性的内在递进逻辑关系中，来认知高职领域 PPP 模式的内涵。首先，要挖掘高职领域 PPP 模式内在的一般性、教育性和职业性特点；其次，还要适时适当适切从而适应性地展现这"三性"特点——承载高职领域 PPP 模式及其"进入—退出"机制建设的产业学院项目，就是其重要的适应性建设，其中进入机制建设是这一适应性建设的"前关卡"，退出机制建设是这一适应性建设的"后关口"。

二、高职领域 PPP 模式理当具有 PPP 模式的一般性特点

（一）高职领域 PPP 模式必须涵盖 PPP 模式的核心要素

作为 PPP 模式在高职领域的应用，高职领域 PPP 模式也必须涵盖 PPP

模式的核心要素，诸如伙伴关系构建、公共产品和服务提供、利益共享、风险共担这四大基本要素；依此，高职领域 PPP 模式建设当然也要遵循 PPP 模式的基本运行规律。

PPP 模式有外包类、特许经营类、私有化类等运作方式，这三大类还可再细分为十余种更具体的形式（见表 2-1）。尽管 PPP 模式的具体运作形式如此之多，而且随着实践的发展，还会催生新的形式，但它们都离不开上述四大基本要素。

表 2-1　PPP 模式运作方式及其具体运作形式比较

运作方式		具体运作形式	具体含义
外包类	模块式外包　管理外包	MC	Management Contract 管理合同
	模块式外包　服务外包	SC	Service Contract 服务合同
	整体式外包	O&M	Operational Maintenance 委托运营
	整体式外包	DBO	Design−Build−Operate 设计-建造-运营
特许经营类		TOT	Transfer−Operate−Transfer 转让-运营-移交
		ROT	Rehabilitate−Operate−Transfer 改造-运营-移交
		BOT	Build−Operate−Transfer 建造—运营—移交
		BLOT	Build−lease−Operate−Transfer 建造-租赁-运营-移交
		BOOT	Build−Own−Operate−Transfer 建造-拥有-运营-移交

运作方式		具体运作形式	具体含义
特许经营类		BLT	Build-Lease-Transfer 建造-租赁-移交
		BTO	Build-Transfer-Operate 建造-移交-运营
		DBFO	Design-Build-Finance-Oper- ate 设计-建造-融资-经营
私有化类	完全私有化	BOO	Build-Own-Operate 建造-拥有-运营
		PUO	Purchase-Update-Operate 购买-更新-运营
	部分私有化	股权转让	

尽管高职领域 PPP 模式的项目建设，由于高职领域的社会公益性等约束，这三大类运作方式及其具体运作形式——尤其是私有化类运作方式及其具体形式，不会都采用，但凡应用到的运作方式及其具体形式，在接受社会公益性等约束的同时，无一例外都还要接受四大基本要素的约束。

（二）高职领域 PPP 模式仍然会"不忘初心"

从伙伴关系构建要素来看，尽管政府（相关部门）、研究者以及建设者对高职领域 PPP 模式中的"公"方与"私"方的理解和界定，在政策上、学术上和实践上存在差异，但均强调合作关系的建立。从公共产品和服务提供要素来看，尽管高职领域 PPP 模式建设所提供的以高职公共服务为代表的职教公共服务，既与基础设施公共服务有所差异，又有别于医疗、卫生、文化、体育等其他社会公共服务，但其主旨不变，即以建立合作关系为基本方向和建设方式，通过以高职资源或职教资源为代表的公共资源配置效率的提高，来提供更优质的公共产品服务——高素质技术技能人才培养服务。从利益共享、风险共担要素来看，尽管政府（相关部门）、研究者以及建设者等利

高职领域 PPP 模式及其"进入—退出"机制运行
——以产业学院为载体

益相关者出于政策把控的考量和自身利益的考虑，而对利益共享、风险共担的关注点和倾斜度会有所差异，但都会将利益—风险联动机制建设提到重要位置。

因此，高职领域 PPP 模式尽管在四大基本要素上有上述"有个性"的表现，但是仍然会"不忘初心"，这个初心即为高职领域 PPP 模式首先作为 PPP 模式所应有的"基本素质"；这个"基本素质"当然也是所有领域 PPP 模式都应该具备的。

三、高职领域 PPP 模式还应显现教育性特点

高职领域 PPP 模式不仅应具有 PPP 模式所具有的一般性特点，更重要的是，它还应有其自身的特性，这一特性首先表现为，其主要在公私合作和公共产品服务中所显现出的教育性特点。

（一）高职领域 PPP 模式建设在公私合作中展现教育性特点

就"公"方的组织性质来看，以公办高职院校为代表的"公"方，不是以营利为目的而进行产品生产或服务运营的企业性组织，而是以高素质技术技能人才培养为己任的教育性组织；并且，这种从事人才培养的事业性组织又有别于从事文化体育卫生建设的事业性组织。由于人才培养的基础性以及对身心发展和社会发展的深刻性、全局性影响，对于高职院校尤其是公办高职院校这些从事人才培养的事业性组织来讲，基于立德树人的政治导向，其公益性要求更明确、更高。

从国家（以财政部为代表）前期推出的 PPP 项目情况来看，教育 PPP 项目较文体卫 PPP 项目偏少，多是基于这样的考虑。

（二）高职领域 PPP 模式建设在公共产品服务中彰显教育性特点

高职领域是教育领域的重要子领域，为此，应当从教育领域 PPP 模式建设提供的教育服务这一公共产品服务理应具有并展现的特点，来推及高职领域 PPP 模式建设在提供高职—职教服务这一公共产品服务时应彰显的教育性特点，这是因为高职—职教服务产品首先仍然应该是公共产品。

一方面，教育领域 PPP 模式建设提供的"软性"公共服务，不同于基础设施领域（公路、铁路、桥梁、机场等）PPP 模式建设所提供的"硬性"公共服务，其主要区别在于，这种更"软"的公共服务更强调服务的渐进性、渗透性从而更好地表现出其所肩负的社会责任。另一方面，教育领域 PPP 模式建设提供的"软性"公共服务，也与文化体育卫生领域 PPP 模式建设提供的"软性"公共服务存在差异，虽然同为"软性"公共服务，但如上所述，这种公共服务更倾向于公益性服务中的"德性"服务。

因此，处于教育领域的高职领域，其 PPP 模式建设必须努力实现教育性与经济性的统一，因为 PPP 模式的一般性特点本质上就是经济性特点。实现教育性与经济性的统一，就是要使高职领域 PPP 模式建设既具有 PPP 模式既有的经济性特点，又凸显教育性之特点。

四、高职领域 PPP 模式更需凸显职业性根本特点

高职领域 PPP 模式自身的特性还表现为，其依然会在合作建设中显现出职业性特点，并且职业性是高职领域 PPP 模式的根本特性，这是因为高职领域 PPP 模式所提供的特定公共产品——高职—职教服务，是公共产品中的高职—职教产品，即一种凸显职业性的公共产品即职业性公共产品。

以下阐述表明，高职领域 PPP 模式建设以合作为纽带，在服务区域、产业、企业的同时又壮大高职院校和高职教育自身；同样，高职领域 PPP 模式建设又通过"两个坚持"机制建设，既映射了教育领域 PPP 模式建设中的"教育性与经济性"关系问题，又以"职业教育性与经济性"即"职业性与经济性"关系问题，延展并提升了"教育性与经济性"关系问题。

（一）职业性本质上是通过合作而服务于区域、产业、企业的特性

高职领域 PPP 模式凸显职业性这一根本特性，就是要践行"两个坚持"，即坚持产教融合、校企合作，坚持工学结合、知行合一。其一，高职院校要与所在的区域建立密切的合作机制，以体现为区域发展培养所需人才的办学宗旨；其二，高职院校要与其所在区域内的产业部门（当然不限于本区域内

的产业部门）建立紧密而动态的合作机制，将为区域发展服务落地于具体的产业部门；其三，高职院校要与区域发展和产业发展的细胞——企业（当然也不限于本区域内的企业）建立旨在长效合作的基础性机制，将为区域发展服务和为区域内产业发展服务落脚于具体的企业，当然，学生实践能力建设也是这一基础性机制建设的重要内容。

总之，无论是服务于区域经济社会发展，还是服务于区域产业进步，还是服务于承载区域经济社会发展和区域产业进步重任的企业，高职院校践行"两个坚持"，要建立旨在提高其办学水平和社会服务能力的合作机制。

（二）从"教育性与经济性"关系问题到"职业性与经济性"关系问题

因此，教育领域 PPP 模式建设中的"教育性与经济性"关系问题，就延伸为高职领域 PPP 模式建设中的"两个坚持"，合作则贯穿"两个坚持"机制建设的全程。

职业教育或高职教育是与经济领域和产业部门联系最为紧密的教育形式，换句话讲，职业教育将是教育体系中与外部劳动力市场联系最为直接和紧密的一个领域。[①] 高职领域 PPP 模式建设通过引入在经营性领域或经济领域运用较为成功的 PPP 模式，是以新的建设方略和建设方式来再现"教育性与经济性"关系问题；不仅如此，正是由于高职教育与经济领域和产业部门、与劳动力市场的紧密联系，这种"教育性与经济性"关系问题又进一步演化为一个经典问题——"职业性与经济性"关系问题，"两个坚持"则是这一关系问题在政策层面和实践层面的新时代反映。

五、高职领域 PPP 模式以"合作"一以贯之

通过上述分析可见，高职领域 PPP 模式必须涵盖 PPP 模式的基本要素，遵循 PPP 模式运行的基本法则，这是该模式仍为 PPP 模式的一种"一般性"要求，"一般性"要求本质上是"经济性"要求。

---

① 张力. 重新思考职业教育定位 [N]. 光明日报,2016-03-10.

（一）由"一般性"要求引发的第一个追问

与此同时，高职领域 PPP 模式必须保有"教育性"特性。高职领域虽然首先是职教领域但终归为教育领域，在社会性颇强的教育领域进行 PPP 模式建设，就要努力实现教育性与经济性、社会性的"兼容"。

问题的症结点在于：这一"兼容"却隐含着这样一个难题，即如何将在经济领域适用的 PPP 模式的机理、机制乃至方式方法有效运用于教育领域，使教育领域 PPP 模式运行既保有 PPP 模式既有的经济性之本性又凸显教育性之特性，简言之，如何协调教育领域 PPP 模式运行中的"教育性与经济性"关系是一大难点。这就决定了教育领域 PPP 模式建设的收益机制等机制运行有着不同于经营性领域 PPP 模式建设的特点。这是由"兼容"症结点生发的第一个追问。

（二）由"教育性"要求引发的第二个追问

第二个追问是，高职领域 PPP 模式还必须凸显"职业性"这个根本特性。"职业性"的精髓就是"两个坚持"——坚持产教融合、校企合作，坚持工学结合、知行合一。"两个坚持"中的四个方面，其核心词是"合"，它们分别从高职教育区域战略合作机制建设、高职教育产业（行业）动态合作机制建设、高职教育企业长效合作机制建设等方面，来诠释"合"的内涵。

因此，教育领域 PPP 模式建设的"教育性与经济性"关系问题，就引申为高职领域 PPP 模式建设的"职业性与经济性"关系问题。两个追问的落脚点在于"职业性"及其关系调处；这个关系的调处终要落实于基于"两个坚持"的运行机制建设。因此，运行机制建设在保障高职领域 PPP 模式健康、高效运转中会起到中流砥柱的作用。

第二节 高职领域 PPP 模式的特征

高职领域 PPP 模式的特征，即"两个'四个合作'"的良性对接和校企

"双主体"办学，其作为高职领域 PPP 模式内在机理的重要内容，既表征着基于高职领域 PPP 模式探源和内涵的内在机理——它们就是从此出发而推演出的高职领域 PPP 模式内在机理的外显"标识"，又指引着高职领域 PPP 模式机制运行及其体系建设的道路和方向。

如果说"两个'四个合作'"的良性对接是高职领域 PPP 模式的基本特征，那么校企"双主体"办学就是高职领域 PPP 模式的根本特征，因为这一良性对接要归旨于校企"双主体"办学。

一、高职领域 PPP 模式特征是高职领域 PPP 模式内在机理的综合外在反映

（一）认知高职领域 PPP 模式内在机理的基本路径之一：从历史渊源到现实影响

如果说对高职领域 PPP 模式的探源是从历史渊源视角的阐释，那么对高职领域 PPP 模式建设效应的展示就是基于现实影响视角的阐述。这种现实影响实际上是高职领域 PPP 模式从 PPP 模式历史的渊源中"走过来"，"从'内'到'外'生发的"影响。"内"是高职领域 PPP 模式的内在机理，"外"是其现实表现。

从历史渊源到现实影响，这条认知高职领域 PPP 模式内在机理的基本路径，是首先要行走的路径。

（二）认知高职领域 PPP 模式内在机理的基本路径之二：从内在品质到综合"外显"

对高职领域 PPP 模式内在机理从历史渊源到现实影响的认知，应该不限于此。深入挖掘高职领域 PPP 模式的内在机理，必须深入高职领域 PPP 模式的内在品质。其实，前文基于一般性、教育性和职业性"三性"所阐明的高职领域 PPP 模式内涵，已内含了高职领域 PPP 模式的特征。

问题在于，还要找到一种具有综合性的外在"标识"，一是它容易识别，二是这种识别又是一种综合性的，能够"囊括"那些不明显的、单一的"标

识"。综而观之，高职领域 PPP 模式特征才是高职领域 PPP 模式内在机理的综合外在反映。也就是讲，内在机理的深度剖析有必要也能够通过这种综合"外显"得以再现。

通过上述基本路径的勾勒，从从历史渊源到现实影响的阐释，到从内在品质到综合"外显"的探究，高职领域 PPP 模式的内在机理得以清晰呈现。这一清晰链条所带来的启示是，合作才是高职领域 PPP 模式的精髓；这一清晰链条的指导意义是，为厘清高职领域 PPP 模式机制运行的来龙去脉系统梳理了脉络，从而为高职领域 PPP 模式机制运行铺平了学理性道路。

二、高职领域 PPP 模式的基本特征："两个'四个合作'"的良性对接

（一）高职领域 PPP 模式四大要素的再诠释

从联合国等国际组织以及主要西方国家给出的定义，再结合"民营化大师"萨瓦斯给出的"介于完全由政府提供和完全私有化之间的所有公共服务提供方式都可称为 PPP"这个代表性定义来看，PPP 多为广义的，泛指公共部门与私人部门为提供公共产品或服务而建立的各种合作关系。

这"各种合作关系"虽形式多样但万变不离其宗——都蕴含着四大要素，高职领域 PPP 模式也不例外。如果将 PPP 模式四大要素称作"原四大要素"，那么高职领域 PPP 模式四大要素可称作"新四大要素"。

1.将 PPP 模式四大要素既"外化于形"又"内化于心"

首先，要将 PPP 模式涵盖的伙伴关系构建、公共产品和服务提供、利益共享、风险共担四大要素，外化为高职领域 PPP 模式的四大要素，因为后者具有前者的"一般性"特性。伙伴关系构建、高职—职教服务提供、经济利益共享和社会责任担当、风险共担，即构成高职领域 PPP 模式四大要素的"外形"。显然，这个"外形""基本是像的"，其主要表现是：同样也是四大要素且基本内涵和根本宗旨一致；要素一和要素四的表述没有变化。

其次，这个"外形"又"不应太像"，其应有的表现是：要素二被置换为

高职—职教服务这个有个性的公共产品；要素三将利益进行分解，包括经济利益和社会效益，利益的分解正是高职—职教服务的个性表现。"不应太像"的实质是高职领域 PPP 模式建设的内在要求，是从以秉持社会责任感的合作机制建设为核心而提供优质高职—职教服务的"内心"出发，而牢记培养高素质技术技能人才的使命。

这便是 PPP 模式的四大要素被高职领域 PPP 模式外化后的"像"与内化后的"不应像"的辩证，正可谓"形似而神不似"。这是由 PPP 模式本身的性质与高职领域 PPP 模式本身的特性相互交织所决定的。当然，高职领域 PPP 模式的特性又决定于高职领域 PPP 模式的内涵。

2. 高职领域 PPP 模式四大要素的个性表现

伙伴关系构建是指"公"方与"私"方以高职领域 PPP 项目为载体而建立的全生命周期合作，若高职领域 PPP 项目为产业学院建设项目，则为以高职领域产业学院 PPP 项目为载体的全程合作。在此，"私"方伙伴在合作中带来的是市场机制和稳定而长效的活力预期，由此形成的是多主体或混合主体的架构，这一架构会促进高职院校的"善治"以及职业学校的现代化建设。这即是要素一的个性表现。

高职—职教服务提供是指公办高职院校通过引入外部的"私"方增量资源，以激活内部的"公"方存量资源，从而优化高素质技术技能人才的培养供给。就双方而言，"私"方得以进入新的潜在利益领域并获取"有社会责任感企业"的声誉，公办高职院校及其从事的高职教育事业则获得了重建新秩序的机会。这即是要素二的个性表现。

经济利益共享和社会责任担当是指"公""私"合作需使效率和公平有机结合于高职教育发展中，进一步说，在使逐利的"私"方进入高职教育领域时，既要为"私"方留有足够的盈利空间，又要防止其将高职教育商业化的倾向，因而设计在整个运营期内能够为"公"方、"私"方等各利益方接受的商业模式至关重要。这即是要素三的个性表现。

风险共担是指将高职领域 PPP 项目建设中风险的分别承担和共同承担

明晰化的制度安排。这里，分别承担即要进行风险分配安排，为一种原则性的、总的安排；共同承担即要进行各方风险的分摊比例安排，为一种具体的、量化的安排。风险既指高职领域 PPP 项目作为 PPP 项目甚或投资项目所遭遇的一般性风险，即投资性风险；又指"公"方引入"私"方或"私"方进入"公"方所应承担的风险，主要是政策性风险，在既有的制度环境下，政策性风险相对更大。这即是要素四的个性表现。

事实上，各要素既可以单个表现，也可以联合表现。如要素三和要素四联合表现为：经济利益共享和社会责任担当是两者利益共享、风险分担并强调风险最优分配的合作；这一合作也是形成适于高职领域现金流的状态特点的"公""私"合作；从更高层面来看，这正是使效率和公平有机结合于高职教育发展的"公""私"合作。

3."新四大要素"以个性表现与集合表现的交织形成高职领域 PPP 模式运行机制及其体系

以上"新四大要素"对于"原四大要素"的个性表现表明，个性表现的集合表现是合作；并且，这个集合表现又是基于各要素的个性表现的合作。

集合表现是建立在各要素个性表现的基础之上的，而各要素之所以能够自我表现，也是依赖于特定的基础的。伙伴关系构建要素个性表现的基础是，确定的合作标的物，通常为"公"方、"私"方等合作主体合作建设的客体，即为高职 PPP 项目，如高职教育教学基地 PPP 项目、高职二级学院 PPP 项目，以及本书专门谈及的高职产业学院 PPP 项目，其中的伙伴关系指的是"公"方和"私"方主导形成的各相关利益方关系。高职—职教服务提供要素个性表现的基础是，完备的合约，通过合约实现各相关方利益捆绑和由此带来的服务提供，在此要特别强调"公"方中政府的契约精神。经济利益共享和社会责任担当要素个性表现的基础是，明确的合作目的，"公"方的主要目的是引"私"激活，以提高高职—职教服务的质量；"私"方则意欲名利双收——名为获得社会赞誉而利是追逐经济利益，然而名终将落后于利，但无论如何，合作使得"涟漪效应"和"撬动效应"终将波及社会。风险共担要素个性表现的基础是，量化和制度化的分摊，"公"方、"私"方等合作者以其优势和特长，各自消解相应的风险。

与此同时，"新四大要素"的每个要素固然有其个性表现，但并不能"独善其身"，而是要与其他要素相互匹配、相互适应，并相互贯通、相互交织，这就是集合表现。集合表现会形成整合的能量，这个整合的能量的载体就是高职领域 PPP 模式运行机制及其体系。由于这个能量可能是正能量也可能是负能量，因而通过制度设计形成正的能量从而保障高职领域 PPP 模式运行机制及其体系的健康发展，就显得必要又迫切。

（二）"新四大要素"引发"两个'四个合作'"的对接建设问题

1. "新四大要素"因内在要求和本质诉求而引发对接建设问题

"新四大要素"一方面蕴含了高职领域 PPP 模式建设的内在要求，另一方面又昭示着高职院校以 PPP 模式建设为支点而践行其办学定位的本质诉求。于是，"新四大要素"就以这一内在要求和本质诉求而引发"两个'四个合作'"的对接建设问题。显然，基于职业教育办学定位建设的"四个合作"是根本出发点也是落脚点，基于高职领域 PPP 模式建设的"四个合作"则是驱动点和切入点，其中的"新四大要素"是引入点，出发点、落脚点与驱动点、切入点的"点点"对接，要构建"两个'四个合作'"的对接建设机制。

因此，高职院校推进 PPP 模式建设，必须服从并服务于"四个合作"职业教育办学定位。具体来讲就是，高职院校是通过建设模式的创新——高职领域 PPP 模式正是创新的建设模式的重要代表，将职业教育办学定位内置于高职领域 PPP 模式建设的"四个合作"之中，从而以"两个'四个合作'"对接机制建设，来践行服从并服务于办学定位的总要求。

由此引出了"两个'四个合作'"：第一个"四个合作"为职业教育办学定位中的"四个合作"，即合作育人、合作办学、合作就业、合作发展；第二个"四个合作"为高职领域 PPP 模式建设中的"四个合作"，即合作伙伴选择、合作成果呈现、合作利益共享和合作责任（社会责任）担当、合作风险共担。第二个"四个合作"实为"新四大要素"在"合作"情景下的再现，合作伙伴选择、合作成果呈现、合作利益共享和合作责任（社会责任）担当、合作风险共担分别为伙伴关系构建要素、高职—职教服务提供要素、经济利益共享和社会责任担当要素以及风险共担要素的再现。

2. 高职领域 PPP 模式运行机制建设过程是职业教育办学定位嵌入的过程

如上所言，在"高职领域 PPP 模式建设"语境下，所谓"服从并服务于'四个合作'职业教育办学定位"，就是要致力于形成"两个'四个合作'"的良性对接态势。依此，高职领域 PPP 模式建设及其"四个合作"之间的调适过程，正是高职院校以合作育人为指向、以合作办学为机制、以合作就业为导向、以合作发展为动力，形成以"公""私"合作为基础、各相关利益方共建共管共担共享的可持续发展格局的过程，正是高职院校秉持的职业教育办学定位与政校企等共同推进的高职领域 PPP 模式建设理念、要义、主旨达到契合的过程。

动态地调适和不断地契合，这正是高职领域 PPP 模式运行机制得以构建和不断完善从而可持续发展的过程。这一机制构建和完善的机理在于：合作伙伴选择是"两个'四个合作'"对接建设的前提，其中合作投入分解是合约履行的重要物质条件和分配条件；合作成果呈现的是"两个'四个合作'"对接建设的成果，即优化的高职—职教公共服务；合作利益共享和合作责任（社会责任）担当是"两个'四个合作'"对接建设中的经济利益和社会责任协调，在此，合作利益共享是"公""私"合作的应有之义，而合作责任担当则是高职教育等社会事业领域 PPP 模式建设所特别要求的，合作企业要在投身高职事业发展并获得正当经济收益的同时肩负起相应的社会责任，可以说，高职领域 PPP 模式建设是培育致力于"企业社会责任"建设的合作者的重要发力点；合作风险共担是"两个'四个合作'"对接建设中"公"方和"私"方等对于投资风险和政策性风险的制度设计，是实现"公"方、"私"方等利益共享、社会受益必需的制度设计。

由此可见，在高职领域 PPP 模式运行机制建设过程中，将职业教育办学定位嵌入"两个'四个合作'"良性对接机制构建这一过程，正是高职领域

PPP 模式基本特征的形成和凸显过程。

三、高职领域 PPP 模式的根本特征：校企"双主体"办学

高职领域 PPP 模式建设无论采取哪种方式或形式，都会涉及"四个合作"建设问题。"四个合作"建设问题正与"四个合作"职业教育办学定位建设问题"异曲同工"——是高职教育可持续发展系于工学结合、产学研合作、产教融合根本途径的殊途同归。因此，在高职领域 PPP 模式运行机制建设过程中，将职业教育办学定位嵌入校企"双主体"办学建设过程，同样也是高职领域 PPP 模式根本特征的形成和凸显过程。

（一）"新四大要素"又引发校企"双主体"办学建设问题

高职院校推进 PPP 模式建设，在具有中国特色的"政府和社会资本合作模式"建设背景下，其实质是要引入非校（本校）资源，通过"政校企用"协同而实现合作办学、合作育人、合作就业、合作发展，进而在创新职教建设模式和办学机制中形成可持续发展的局面。

在此需要指出三点。第一，高职院校引入的非校资源，尽管可以扩及政府资源和非政府资源抑或公有资源和私有资源——包括行政性和事业性的资源、企业性的资源以及社会性的资源，但企业性资源依然是首选，企业为其欲引入的首要目标或经典目标；至于企业的所有制状态则可伺机而"选"。第二，"政校企用"的协同局面是依序形成的，即在政府积极引导和指导下，高职院校和企业共同主导着合作建设，市场作为应用者的总代表则享受或承受"政校企"协同的成果。享受的是优质的成果，承受的则是非优质甚至糟糕的成果；同时，享受或承受本身也是对"政校企"协同成效的反馈，享受是正反馈，承受是负反馈。第三，必须通过高职领域 PPP 模式机制及其体系建设，来保障"政校企用"的协同形成良性生态。

由此可见，"新四大要素"通过其引发的"两个'四个合作'"的对接建设问题，又"连带"出另一个重大问题——校企"双主体"办学建设问题。也就是说，要使"两个'四个合作'"能够有序有效对接且构建"政校企用"协同的

良性生态, 必须确立校企"双主体"办学格局。由于高职院校在职业教育办学中的主体地位业已存在, 因而确立校企"双主体"办学格局的实质性意义, 在于确立企业的办学主体地位。在校企"双主体"办学架构中, 企业处在另一个主体位置上, 这正是职业教育作为一个重要办学类型的显著标志。

(二) 企业办学主体地位的确立需以产权制度性安排为保障

1. 高职院校作为重要办学类型的定位是确立企业办学主体地位的政策前提

与职业教育作为一个重要办学类型的建设举措相呼应的是相关政策的出台。国务院《决定》和《实施方案》都提出要"发挥企业重要办学主体作用"。如果没有企业这一办学主体的重要支撑作用, 高职院校很难成为我国高校的另一重要类型, 从而难以与其他类型高校的发展相映生辉。2017 年 1 月 25 日, 教育部发布的《教育部关于"十三五"时期高等学校设置工作的意见》明确提出:"探索构建高等教育分类体系, 以人才培养定位为基础, 我国高等教育总体上可分为研究型、应用型和职业技能型三大类型。"这是说, 高职院校之所以冠以"职业技能型高校"并能够成为这一类型的高校, 企业重要办学主体地位的确立, 是最重要的必要和充分条件之一, 由此也能够与研究型高校和应用型高校显著区分。

2. 好的制度安排是确立企业办学主体地位的根本保障

为将职业技能型高校的政策定位落到实处, 高职院校及其背后的政府如何对待企业, 是非常重要的观察点和监测点。

确立企业重要办学主体地位, 首先是要"请"企业或"让"企业进来, 其次是企业进来之后的决策权认定。问题是, "请"企业进来与"让"企业进来是不太一样的, 甚至有重大区别。尽管"请"进来与"让"进来都是为了达到一个共同目的, 即通过"企业与学校跨界合作的结构形式和办学格局"实现"产业与教育需求整合的功能定位和社会价值"[①], 然而, 由于"请"进来的企业或出于职教办学情结, 或碍于盛情相邀之面, 多是友情参与, 自是刚性约

---

① 姜大源. 跨界、整合和重构: 职业教育作为类型教育的三大特征 [J]. 中国职业技术教育, 2019 (7).

束弱，以致工学结合、产学研合作、产教融合往往流于形式。真正使工学结合、产学研合作、产教融合落到实处的，是"利益驱动＋社会责任感驱使"的制度安排，利益驱动制度安排是一种刚性制约，社会责任感驱使的制度安排则是一种兼具精神激励的"刚柔相济"约束。

"让"进来是先敞开大门迎接企业，同时配以有明确经济利益引导的严密的制度规范。这一制度规范的重要主题，就是合理合规合力确立"让"进来的企业的话语权——与合作的高职院校有着同等或同样重要的话语权。至于"同等重要"和"同样重要"如何认定和界定，将在后续的高职领域 PPP 模式机制运行及其 SPV 结构设计中体现。

因此，确立企业办学主体地位，终归要在具有明显"经济驱动＋社会责任感驱使"效应的制度建设上"做文章"。

3. 校企"双主体"办学模式建设必须跟进配套制度

高职院校推进工学结合、产学研合作、产教融合建设，无论是"请"企业进来还是"让"企业进来，其初衷或本意主要有三点：一是将现代经济发展理念引入高职教育领域，使这个最靠近经济的领域能够名副其实；二是将优秀的企业文化引入高职院校，使之能够感知并建设性"嵌入"来自不同领域的文化样态；三是将先进的产业技术和工艺融入教育教学改革中，使培养高素质技术技能人才的教育使命实至名归。

为此，高职院校频频有"走出去"和"请过来"的举措。这些年来，我国高职院校纷纷借鉴国际先进经验，如德国"双元制"、美国"合作教育制"和英国"三明治制"，推进校企"双主体"办学，但企业的办学主体地位一直未能确立，校企合作中"校热企冷""两张皮"的现象也未能得到明显改善。

究其原因，不妨追溯现代职业教育的由来。现代意义上的职业教育诞生于工业革命时期，其主要标志是学校职业教育的出现。现代职业教育实际上是沿着两条主线发展的，一条是学校职业教育，另一条是职业培训。[①] 由此，

---

① 石伟平，郝天聪. 产教深度融合，校企双元育人 [J]. 中国职业技术教育，2019（7）.

国际上形成了三种技术技能人才的培养模式，即学校本位人才培养模式、企业本位人才培养模式和学校—企业联合人才培养模式。需要说明的是，学校—企业联合人才培养模式实际上有两种情形，就企业对职业教育办学的态度和实际发挥的效能来看，一种情形是企业参与式的，另一种情形是企业决策式的，显然，如上所述，前者效果至多是差强人意。因此，工学结合、产学研合作、产教融合建设的根本转变，是将我国执行至今的学校本位人才培养模式向学校—企业联合人才培养模式转变，即向校企"双主体"办学模式转型。构建和完善校企"双主体"办学模式，正是对"发挥企业重要办学主体作用"政策指向的适切回应，而要实现这种转型，配套制度必须动态有序地跟进。

4. 产权制度是企业办学主体地位确立的"中国式"深层制度安排

制度从社会科学视角来理解的话，泛指以规则或运作模式规范个体行动的一种社会结构，这些规则蕴含着社会价值，其运行彰显着一个社会的秩序。"制度"这一概念被广泛应用于政治学及经济学范畴。在制度经济学中，舒尔茨（Schultz）从用于降低交易费用的制度、用于影响生产要素所有者之间配置风险的制度、用于提供职能组织与个人收入流之间联系的制度、用于确立公共品和服务的生产与分配框架的制度四个方面，对制度做了经典的划分。柯武刚、史漫飞将制度分为内在制度和外在制度；诺斯（North）则将制度分为正式制度和非正式制度。产权制度作为非常重要的经济制度，是用来影响生产要素所有者之间配置风险的制度，也是一种外在制度，亦是一种正式约束。按照威廉姆森（Williamson）的"四层次"说，制度有嵌入性的基本制度、基本的制度环境、治理机制和短期资源分配制度四个层次。

这里重点谈一谈基本的制度环境。基本的制度环境是人们在长期进化过程中通过试错、学习与适应而稳定下来的均衡选择，是为实现合理社会目标而进行机制设计的结果。基本的制度环境如何影响人们的行为选择，取决于决策权的配置状况，而主要是基于公私决策及其控制的边界划分。信息和知识之于个体的分布在社会经济环境的状况表明，公共决策不可取代私人决策。私人决策权的基本制度安排，常会以构造性形式（即保障事前可描述状态的可行性）和存在性形式（就是使不可预见的机会不受限）两种方式进行。这种公私决策权的配置和公私两权的分野，根本上由以排他性为基本特征的产权所决定。排他性是私人产权的决定性特征，基于私人产权进行的选择和决策即是个人选择和私人决策，并由此形成个人自治空间即私人领域。区分公私活动领域和决策方式非常重要，两者不仅有不同的性质和结果，又有内在联系。首先，私人领域和私人政策不存在强制性约束，个人偏好的展现一般不会遇到知识和技术难题；其次，私人领域和私人决策的成本和收益对等，一般不存在"搭便车"的机会主义，决策成本和执行成本都较低；再次，私人组织中的委托—代理关系与集体行动和公共选择中的委托—代理问题有明显区别，前者的代理人受到市场竞争的无情约束。

上述分析表明，产权制度归属于威廉姆森"四层次"说的第二层次，即产权及其分配为一国或地区基本的制度环境。认知了产权制度，再回到目前高职教育校企合作中"校热企冷""两张皮"的现象中来。谈到第一层次，梳理我国私产保护的历史文化"基因"，自有其现实意义。在中国古代这样一个皇权至上的大环境中，在"普天之下，莫非王土，率土之滨，莫非王臣"的文化感召下，所谓私产保护不过是对皇产王产的确认罢了；在近代中国半殖民地半封建社会的土壤中，新中国的崛起已将该类私有产权铲除殆尽；公有制下的新中国，经过"三大改造""三反五反""一大二公""割资本主义尾巴"等运动，其所有制成分已是"纯之又纯"；改革开放以来，在公有制经济为主体、多种非公有制经济共同发展的基本经济制度下，从私产保护入宪到《中华人民共和国物权法》颁布实施，私有财产保护已取得了长足的进步。然而，放在几千年的历史长河中，40 余年只是"沧海一粟"——在谈到私产保护时屡屡提及"弹簧门""玻璃门""天花板"就是一侧证。产权制度作为第二层次的制度，即基本的制度环境的重要部分，首先它是受制于第一层次制度即嵌入性的基本制度的。作为嵌入性的基本制度，其变迁过程缓慢而稳定，变迁周期比较漫长。^①经年累月之下的风俗、习惯、传统、道德、社会规范等，这些基本的历史文化积淀，尽管是"软性"的，却为"中国式"的"硬性"的产权制度及其演化提供了基本的认知框架，以致对这种"硬性"产权制度的演化形成路径依赖。

由此观之，在现有的制度约束和文化氛围下，确立企业在高职教育办学中的主体地位，建设校企"双主体"办学模式确实有很多难处；然唯有如此，才能真正扭转目前高职教育办学"两张皮"的尴尬局面。欣喜的是，2020 年 4 月发布的《中共中央国务院关于构建更加完善的要素市场化配置体制机制的意见》再次强调，要"充分发挥市场配置资源的决定性作用，畅通要素流动渠道，保障不同市场主体平等获取生产要素，推动要素配置依据市场规则、市场价格、市场竞争实现效益最大化和效率最优化"，这就为包括高职领域在内的产权制度的完善建设做了"背书"。

5. 借高职领域 PPP 模式建设之机引入产权制度正当其时

如此，从深层次考量，当前诸如校企合作的高职教育体制机制安排，并非基于高职教育与区域经济的内生机制驱动而成，即在缺乏甚或尚未触及基于产权的制度性安排的情况下，仅仅依靠国家给予的优惠政策，是难以调动企业参与高职教育办学积极性的——借高职领域 PPP 模式建设之机而引入产权制度不失为因时应势之举。

所谓产权，就是对财产的权利，亦即对财产的广义所有权，包括归属权、占有权、支配权和使用权。它是人们（主体）围绕或通过财产（客体）而形成的经济权利关系，其直观形式是人对物的关系，实质上都是产权主体（包括公有主体和私有主体）之间的关系。^②高职教育校企合作办学最终会触及产权问题，而产权问题会直接表现为股权认定问题以及由此引发的产权架构设计问题。换句话说，股权认定以及由此引发的产权架构设计，构成高职教育校企"双主体"办学中产权制度建设的中心内容；而这种产权制度建设的

①　谢宝剑，高洁儒. 泛珠三角区域合作的制度演化分析 [J]. 北京行政学院学报,2015(3).
②　黄少安. 产权经济学导论 [M]. 北京：经济科学出版社，2004.

重要驱动力, 即为高职领域 PPP 模式建设。

在高职领域 PPP 模式建设过程中, 产权制度建设的基本思路是:"纯"股权式 PPP 模式建设可通过学校一级层面或学院二级层面的"企业性"或"企业化"改造来实现;实体项目式 PPP 模式建设则以 SPV 来承载这个股份制或混合所有制架构。无论是"纯"股权式 PPP 模式建设, 还是实体项目式 PPP 模式建设, 都要进行股权认定和产权架构设计。

6. 产教融合型企业培育只是确立企业办学主体地位的政策性安排

谈到校企合作的高职教育体制机制安排问题, 不能不关注这样的政策动向。《实施方案》提出,"在开展国家产教融合建设试点基础上, 建立产教融合型企业认证制度, 对进入目录的产教融合型企业给予'金融 + 财政 + 土地 + 信用'的组合式激励, 并按规定落实相关税收政策。试点企业兴办职业教育的投资符合条件的, 可按投资额一定比例抵免该企业当年应缴教育费附加和地方教育附加。厚植企业承担职业教育责任的社会环境, 推动职业院校和行业企业形成命运共同体"。按《实施方案》提出的建设目标, 到 2022 年, 应培育数以万计的产教融合型企业。2019 年 4 月, 国家发展改革委(行业企业发展主管部门)、教育部联合印发《建设产教融合型企业实施办法(试行)》(以下简称《实施办法》), 推进本项工作。此举的出发点和落脚点, 在于有效引导和充分激发企业的内生动力, 形成"先行者先受益"的政策激励效应, 将这些产教融合型企业打造成为支撑高质量发展的市场主体。《实施方案》和《实施办法》虽然集中体现了国家宏观战略发展与社会民生价值取向, 但对未来行业产业的动态研判和企业参与职业教育发展的实质性需求考虑还不够。[①]

政策表明, 企业成长为产教融合型企业可以获得组合式激励(含税收)和相关应缴费用抵扣。问题是, 企业有没有能力、有没有意愿这样做? 毋庸讳言, 较之应用型高校尤其是研究型高校, 职业技能型高校即高职院校的合作企业多为中小企业, 且以非实力型企业居多, 其中能够成长为产教融合型

---

① 刘晓, 段伟长. 产教融合型企业:内涵逻辑与遴选思考 [J]. 中国职业技术教育, 2019(24).

企业的比例偏低，能够成长为"企业公民"的企业更少。在商言商，企业在合法合规中最大限度地追逐利润，是其理性选择；而肩负社会责任是其更高层次、更高境界的追求。这里有必要单表企业社会责任问题。

所有权与使用权的两权分离以及管理资本主义（即马克思指出的由资本主义生产过程的二重性所决定的资本主义管理的二重性），挑战亚当·斯密经典的自由经济的利润最大化原则，而产生了现代企业社会责任思想。企业社会责任思想历经了五个演变阶段，即 20 世纪 50 年代的企业社会责任概念确立阶段、70 年代的企业社会回应阶段、80 年代的企业社会表现阶段、90 年代的与相关利益者理论全面结合阶段、21 世纪的为"企业公民"概念替代阶段。企业社会责任思想发展至今，始终聚焦一个简单但本质的问题：企业究竟是谁的企业？特别是处在当今 21 世纪的"企业公民"时代，通过将公民的概念从个人延伸到企业，将企业社会责任从一种自愿行为发展为公民观下的公民对社会的义务，直接触及了"企业与社会的关系"这一本质。追寻上述演变轨迹不难发现，企业社会责任思想的演化折射出社会文明的进化过程，企业社会责任也被赋予时代内涵。然而必须正视的是，"企业公民"的理念和思想要化作中国企业尤其是非实力型中小企业的实际行动，还有相当的距离。建立责权利对称制度——核心是产权制度安排，是校企合作取得实质性进展现实而根本的途径。校企合作型之所以能够成为当前企业履行职业教育社会责任最为普遍的形式，在于不仅关系办学主体即由谁投资、由谁管理的问题，而且学校和企业两大办学主体的权责分配比例会深刻影响合作的形式和程度。① 其实，仅确认"权责分配比例"还不够，还要有利的分配。权—责—利才是一个完整的链条。首先是利益驱动合作，然后应该有话语权保障；基于此，合作企业在实现合理的预期利润中承担起职教社会责任。权责利的配置还是要靠法律法规制度建设来解决。校企合作总是立足于学校寻求与企业的合作，学校主动，企业被动，其根源在于缺乏与市场经济和教育行

---

① 徐珍珍，黄卓君. 职业教育中的企业社会责任：履行模式与路径选择 [J]. 中国职业技术教育，2018（18）.

政管理体制改革相适应的制度供给。① 将产权制度建设纳入职业教育校企合作的法律制度框架，已是大势所趋。

目前来看，产教融合型企业建设安排仍然仅是优惠政策而非长效性的体制机制安排；其核心是和其他相关安排一样，缺乏甚或尚未触及基于产权的制度性安排。职业教育校企合作办学改革的深处终会触及产权，而直接体现产权的是股权以及由此引发的产权架构设计问题。而高职领域 PPP 模式建设的突破口意义正在于：通过股份制或混合所有制机制设计而深入学校或学院的产权层面，动了公办职业院校公有产权的"奶酪"。

可以说，未能实现以制度根本利益捆绑的产教融合型企业培育之举，仍是一种确立企业办学主体地位的辅助性举措。

（三）企业办学主体地位的确立使之身份和地位发生重大变化

由上所述，高职领域 PPP 模式建设不仅使得真正意义上的"办学利益共同体"产生，也意味着另一个重要办学主体地位的真正确立。

1. 企业从象征性参与到成为攸关重大（重要）利益的办学主体

对于学校或学院的另一重要主体——企业来讲，在高职领域 PPP 模式建设中实现从象征性参与到攸关重大（重要）利益的变化，是企业建设角色和建设方式的重大转变。

第一，企业建设角色的重大转变，即企业从高职教育的浅度参与者转变为借高职 PPP 项目建设和运营而成为高职院校的主体建设者；第二，企业建设方式的重大转变，即企业从合作"做"PPP 项目转变为合作治理学校。当然，如果 PPP 项目是"下沉"到学校二级组织如二级学院层面的，二级组织或学院治理亦可成为学校治理的"机会窗口"。这种转变已成为一些致力于应用型或技术技能型人力资源开发的企业的经营管理战略的重要选择。

2. "中心地带"汇集的"双制度建设"彰显校企"双主体"办学的"现代性"

依上分析，企业办学主体地位的确立，成为高职领域 PPP 项目建设以至

---

① 胡劲松，欧阳恩剑. 职业教育校企合作的法律制度建构 [J]. 教育研究，2018（1）

高职领域 PPP 模式建设的内在驱动力。在这一建设和运营过程中，能够将治理主体"公"方和"私"方"聚合"，使各利益相关者整合起来的新办学机构或 SPV（股份制或混合所有制学校或学院，可以成为这个新办学机构的代表），就成为"两个'四个合作'"对接建设进而校企"双主体"办学建设的"中心地带"；这个"中心地带"也是现代职业学校制度建设与现代企业制度建设有机结合的汇集区。

由此可以说，通过"中心地带"汇集的"双制度建设"以高职领域 PPP 项目为载体——如以产业学院建设项目为具体载体，彰显了校企"双主体"办学的"现代性"。

第三节　高职领域 PPP 模式的机制运行

"两个'四个合作'"的良性对接和校企"双主体"办学，是由高职领域 PPP 模式内涵所内生的高职领域 PPP 模式的两大特征，指引着高职领域 PPP 模式的机制运行。

为了保障机制的有序有效运行，在早期阶段，结构化安排是关键；在中间（中期）阶段，商业模式谋划以及风险—收益的适应性和对称性调适是关键；在后期阶段，退出通道建设是关键。做好这三个阶段的工作，就做到了"善始""'注'中"而又"善终"，高职领域 PPP 模式机制就能够健康、稳健运行，高职领域 PPP 模式建设就能够取得预期的成效。

一、高职领域 PPP 模式机制运行的体系框架

（一）高职领域 PPP 模式运行机制的"三五二"框架

高职领域 PPP 模式运行机制是由三个一级层次机制、五个二级层次机制和两个三级层次机制组成的体系。

三个一级层次机制分别是高职领域 PPP 模式进入机制、高职领域 PPP 模式过程机制、高职领域 PPP 模式退出机制，由此分解出二级层次机制和三级

层次机制：高职领域 PPP 模式进入机制分解出高职领域 PPP 模式识别机制、高职领域 PPP 模式产权设计和治理机制；高职领域 PPP 模式过程机制分解出高职领域 PPP 模式风险分摊和处置机制、高职领域 PPP 模式过程调适和监管机制，其中，高职领域 PPP 模式风险分摊和处置机制又分解出高职领域 PPP 模式投入分解机制、高职领域 PPP 模式收益机制（见表 2-2 和图 2-1）。

表 2-2　高职领域 PPP 模式运行机制体系

层　次	运行机制	备　注
第一层次	高职领域PPP模式进入机制，高职领域PPP模式过程机制，高职领域PPP模式退出机制	
第二层次	高职领域PPP模式识别机制，高职领域PPP模式产权设计和治理机制；高职领域PPP模式风险分摊和处置机制，高职领域PPP模式过程调适和监管机制	前者由第一层次中的高职领域PPP模式进入机制分解而来；后者由第一层次中的高职领域PPP模式过程机制分解而来
第三层次	高职领域PPP模式投入分解机制，高职领域PPP模式收益机制	该层次机制由第二层次中的高职领域PPP模式风险分摊和处置机制分解而来

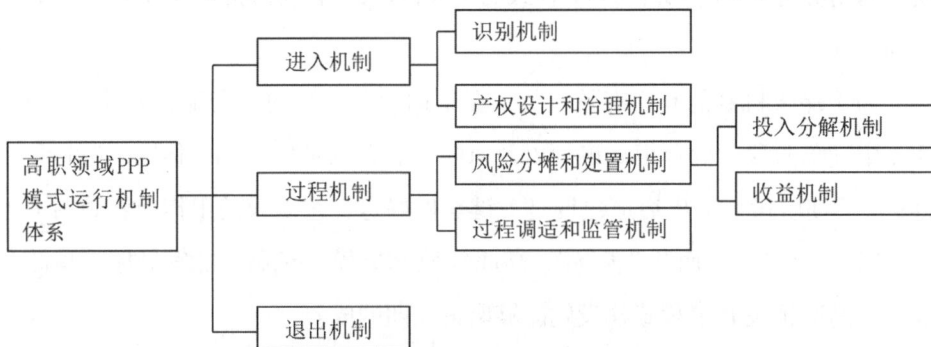

图 2-1 高职领域 PPP 模式运行机制体系

（二）高职领域 PPP 模式机制是一个分化而整合的运行闭环

高职领域 PPP 模式机制运行的"三五二"体系框架是一个闭环，这个闭环是分化—整合而成的。

1. 各机制"各自为阵"又共同支撑高职领域 PPP 模式机制运行

一方面，三个一级层次机制、五个二级层次机制和两个三级层次机制

"各自为阵"，以其自身构成要素、成分等的规定性所决定的应有功能而发挥作用，这种分化运行奠定了闭环形成的基础；另一方面，各机制之间又在碰撞中合作并在合作中碰撞，在政府"有形之手"和市场"无形之手"的相互"关照"下，在社会力量的协助下，共同支撑着高职领域 PPP 模式机制运行，从而共同作用于高职领域 PPP 模式建设。

2. 各机制层层相连而环环相扣地依序运作

各个机制本身以及它们之间的这种状态，既相对独立，"单挑大梁"，又相互依赖，相互制约，形成一个前后衔接、层层相连、环环相扣的依序运作链条。这个链条就是高职领域 PPP 模式"识别—产权设计和治理—风险分摊和处置—过程调适和监管—后期保障"机制链。这个链条是以各机制分化运行为基础整合形成的大闭环。这个闭环系统，通过"识别"信号和"产权设计和治理"信号，经由"风险分摊和处置"传递和"过程调适和监管"传递，正向通于"后期保障"；而"后期保障"又会形成反向回馈通路，从而构成闭合回路的运行系统。不过事实上，在高职领域 PPP 模式机制建设乃至高职领域 PPP 模式建设实践中，并非一定要等到这一整套程序"走完"之后才产生反馈，一旦反向回馈的负效应形成并扩散，则是建设的不可承受之重，因而进行前瞻性的规制建设和预估性的规划设计，方是智慧又科学之举。

二、高职领域 PPP 模式机制链可以进行更简约的表达

（一）对长串链条进行"抽丝剥茧"

高职领域 PPP 模式"识别—产权设计和治理—风险分摊和处置—过程调适和监管—后期保障"机制链，详尽展现了高职领域 PPP 模式机制运行的过程和状态。推进高职领域 PPP 模式建设研究，从理论逻辑、政策体系、法律框架、发展经验、实践实施等方面进行拓升和整合，高职领域 PPP 模式机制链研究是重要内容。

为便于从纷繁的运行过程中认清原委、认知理路从而易于践行，对这一长串链条进行"抽丝剥茧"式的简化和精练，是十分必要的。

（二）一个"简化版"两个"精练版"是"抽丝剥茧"之果

对这一长链进行简化，以更精练的方式抽取"枝干"，这样会形成一个"简化版"和两个"精练版"："简化版"即高职领域 PPP 模式"进入—过程—退出"机制链。两个"精练版"，一个是从项目管理的需要出发而"抽"出来的"精练版"，即高职领域 PPP 模式"建设—管理"机制链；一个是从前端和末端这两个最重要的"端口""抽"出来的"精练版"，即高职领域 PPP 模式"进入—退出"机制链。它们都是这一长链的集成和"浓缩"。

为便于分析两个"精练版"的来龙去脉，可以将其"链"字去掉，两个"精练版"即为高职领域 PPP 模式"建设—管理"机制和高职领域 PPP 模式"进入—退出"机制。以下就分述这两个"精练版"。

三、第一个"精练版"：高职领域 PPP 模式"建设—管理"机制

（一）高职领域 PPP 模式"建设—管理"机制运行要落脚于具体项目

高职领域 PPP 模式建设总是要落脚到具体的项目。这里的"建设"，可以是一般性、抽象的表达，但由于其操作实施总是要落脚在具体项目建设上，故此，"建设"即是项目建设。该项目即为高职领域 PPP 项目，这是统称，可以具体落实于某个项目，如高职实践基地 PPP 项目、高职产业学院 PPP 项目等。本书将这一"建设"集中于高职产业学院 PPP 项目。

1. 项目建设必贯穿项目管理的理念和行动

在此，有必要重点谈一谈"项目"。项目是在特定的环境和约束条件下，具有特定目标的一次性任务。特定的环境和约束条件，主要指限定的时间、费用（资源）和功效等。简言之，项目就是一个特殊的将被完成的有限任务。其含义是：项目是一项有待完成的任务，且有特定的环境与要求；在一定的组织机构内，要利用人物财等有限资源在规定的时间内完成这个任务；该任务还要满足一定性能、质量、数量、技术指标等要求。这三层含义对应着项目的三重约束，即时间、费用和功效约束，因而就要对项目进行管理，以期实现项目建设目标，即满足各相关利益方在时间、费用和功效（性能、质量、

数量、技术指标）上的不同要求。

依此，项目就具有一次性、唯一性、目标性、寿命周期性、系统性的特征。一次性是项目的关键特征；唯一性是指项目具有独特性；目标性是指项目有成果性目标，即中期目标特别是最终目标，约束性目标即限制条件；寿命周期性是指项目有一个确定的起始、实施和终结过程；系统性则指项目是由多种要素集合成的一个整体。

2. 高职领域 PPP 项目建设更要强化项目管理

PPP 模式建设项目涉及的相关利益方众多，而高职领域 PPP 项目建设又是在高职领域这个受众面甚广从而影响颇大的"硬社会"领域推进的，因此强化项目管理的重要性不言而喻。

高职领域 PPP 项目可以依建设的性质和特点进行分类，如"私"方对于控制权的态度以及对于"双主体"办学建设的热忱，投资的固定资产形成状态等。依据前者的划分，高职 PPP 项目可以是纯股权式的，也可以是实体项目式的，如高职产业学院 PPP 项目建设分为纯股权式 PPP 模式建设项目和实体项目式 PPP 模式建设项目；依据后者的划分，高职 PPP 项目可以是新建扩建型的，也可以是改造升级型的。

（二）高职领域 PPP 模式"建设—管理"机制的运行是"三层次"管理和"三阶段"管理对建设的融入

高职领域 PPP 模式"建设—管理"机制的形成和完善，有赖于"三层次"管理和"三阶段"管理对高职领域 PPP 模式建设全面、动态和持续的融入。

1. 各类型高职 PPP 项目建设与管理的特性和根本一致性

就纯股权式 PPP 模式建设项目和实体项目式 PPP 模式建设项目来讲，由于纯股权式 PPP 项目一般无需太多固定资产投资，因而新建扩建型和改造升级型的 PPP 项目，主要是针对实体项目式 PPP 项目。通常，新建扩建型 PPP 项目由于固定资产投资等基本建设以及为此服务的融资投资任务较重，是为外延式建设项目；改造升级型 PPP 项目由于既有场所场地的改新对于基本建设、投融资的需求较弱，是为内涵式建设项目，对于这一项目建设可以选择以非融资性为主的管理方式。纯股权式 PPP 模式建设项目一般亦为内涵式建设项目。

较之外延式 PPP 建设项目，内涵式 PPP 建设项目专注于内涵建设，这使得高职院校更有暇有心倾注"提高高素质技术技能人才培养管理水平"这一根本任务。需特别注意的是，高职院校不可为项目的外延式建设需要大量融资而遮蔽"双眼"，从而忽视了"高素质技术技能人才培养"这一本分。毕竟，资本的过度侵入以致渗透，会对高职教育质量的提高产生扭曲性影响。这也体现了高职 PPP 项目建设和管理的差异性。归根到底，无论是哪一种类型的高职 PPP 项目——当然尤其是外延式 PPP 建设项目，都要将建设与管理的出发点和落脚点聚焦于高素质技术技能人才的培养。

2. 通过"三层次"管理来调适这种特性和根本一致性

将管理融于高职 PPP 项目的建设之中，支撑高职领域 PPP 模式"建设—管理"机制的健康运行，要满足"项目—PPP 项目—高职 PPP 项目"连带而成的建设条件。

首先，高职 PPP 项目建设这项任务要满足作为项目的建设条件，即"四要求"（性能、质量、数量、技术指标要求）、"三约束"（时间、费用和功效约束）建设条件。这是第一层次管理对于高职 PPP 项目建设从而对高职领域 PPP 模式"建设—管理"机制运行中特性和根本一致性的调适。其次，高职 PPP 项目建设这项任务要满足作为 PPP 项目的建设条件，即"四大要素"（伙伴关系构建、公共产品和服务提供、利益共享、风险共担）建设条件，"四大要素"建设条件实际是"四要求""三约束"建设条件的转化应用。这是第二层次管理对高职 PPP 项目建设从而对高职领域 PPP 模式"建设—管理"机制运行中特性和根本一致性的调适。再次，高职 PPP 项目建设这项任务要满足作为高职 PPP 项目的建设条件，即"新四大要素"（伙伴关系构建、高职—职教服务提供、经济利益共享和社会责任担当、风险共担）建设条件，"新四大要素"建设条件实为"四大要素"建设条件的转化应用。这是第三层次管理对高职 PPP 项目建设从而对高职领域 PPP 模式"建设—管理"机制运行中特性和根本一致性的调适。

综合上述"三层次"管理的内涵，即有：高职 PPP 项目建设这项任务是要满足在一定时期内，以"公""私"合作方式来培养更多高素质技术技能人才这一根本要求。在此，"一定时期内"为该项目建设的时间约束，含高职 PPP 项目建设周期与高职院校人才培养周期（专科高职院校一届的培养周期为三年），两个周期多少会有出入，"一定时期内"也是费用（资源）约束，该时期内必然有相应的投入并形成支出；"公""私"合作方式即为该项目建设的"四大要素"和"新四大要素"条件；"更多"和"高素质"是该项目建设的"性能、质量、数量、技术指标"要求和"功效"约束，也是由该要求和约束带来的建设结果，当然，这种结果与"四大要素"和"新四大要素"的组合状态有着密切的关联。

3. 通过"三阶段"管理来调适这种特性和根本一致性

将管理融于高职 PPP 项目的建设之中，支撑高职领域 PPP 模式"建设—管理"机制的健康运行，还要满足"早期项目—中期项目—后期项目"依序而生的建设条件。

首先，高职 PPP 项目建设任务要满足项目早期（含前期）的建设条件，即"两要求"（识别性要求和结构化要求）、"一约束"（资格资质约束）建设条件。这是第一阶段管理对高职 PPP 项目建设从而对高职领域 PPP 模式"建设—管理"机制运行中特性和根本一致性的调适。其次，高职 PPP 项目建设任务要满足项目中期的建设条件，即"两要求"（投入—产出配比性要求、动态监管性要求）、"两约束"（商业模式约束和社会责任感约束）建设条件。这是第二阶段管理对高职 PPP 项目建设从而对高职领域 PPP 模式"建设—管理"机制运行中特性和根本一致性的调适。最后，高职 PPP 项目建设任务要满足项目后期的建设条件，即"三要求"（收益平衡性要求、项目终结性要求、建设持续性要求）、"一约束"（目标约束）建设条件。这是第三阶段管理对高职 PPP 项目建设从而对高职领域 PPP 模式"建设—管理"机制运行中特性和根本一致性的调适。在此，收益平衡性要求是与投入—产出配比性要求匹配的要求；项目终结性要求是指高职 PPP 项目竣工验收后，针对"私"方等社会资本方顺畅退出的安排；建设持续性要求是指对高职 PPP 项目结束后依然热心于高职院校建设和高职教育发展的社会资本方的安排；目标约束指的是质量约束和数量约束——培养又好又多的技术技能人才。

4. 高职领域 PPP 模式"建设—管理"机制是建设机制与管理机制的联动机制

能够将"三层次"管理和"三阶段"管理全面、动态和持续地融入高职领域 PPP 模式建设中，是因为管理与建设是同时存在同时进行的，有建设即有管理，管理是针对建设的；有建设无管理，则建设会失序失控；有管理无建设，则管理因"空洞无物"而无利无力。

如此，高职领域 PPP 模式建设机制和高职领域 PPP 模式管理机制也在同步运行中，建设与管理之间这种须臾不分以至高职领域 PPP 模式建设机制和高职领域 PPP 模式管理机制"形影不离"的状态，使得高职领域 PPP 模式"建设—管理"机制这一链条得以打造。由此，高职领域 PPP 模式"建设—管理"机制链生成并不断在调适中得到巩固。

（三）高职领域 PPP 模式"建设—管理"机制运行是"机会窗口"

从项目管理切入高职领域 PPP 模式建设，观察并设计高职领域 PPP 模式"建设—管理"机制的运行，其现实意义在于提供了这样的"机会窗口"：第一，使高职领域特别是公办高职领域"重建设轻管理"的局面，得以改变为建设与管理并重，以此建立建设与管理之间有机联动的机制；第二，使高职领域特别是公办高职领域的项目建设——尤其是实体性项目建设，实现从重融资管理到重产出质量和绩效管理的转变；第三，更重要的转变是，使高职领域特别是公办高职领域的项目建设，从重事前审批管理转为重全生命周期供应链的整体优化管理。全生命周期供应链的整体优化管理，即高职—职教服务供应链的优化管理，是由此带来的公办高职领域投资建设"官办官营"单一垄断局面被打破，而带来的服务质量的改善和提高。在此，全生命周期供应链已渗入高职领域 PPP 模式"建设—管理"机制运行中。

跳出高职领域和职教领域来看，其"窗口"意义更是，上述"三大转变"是在 PPP 模式于"硬经济"领域取得成功而扩及"硬社会"领域并经由"硬社会"领域更远地波及"软经济"领域和"软社会"领域的背景下，高职领域 PPP 模式机制是以其从"建设—融资"机制向"建设—治理"机制的转型，而借以撬动社会领域的变革。显然，这一"窗口"意义已从基于高职教育自身建设的管理上升到社会领域层面的治理。

四、第二个"精练版"：高职领域 PPP 模式"进入—退出"机制

较之高职领域 PPP 模式"建设—管理"机制，高职领域 PPP 模式"进入—退出"机制同样"精练"，不仅如此，由于"锁定"了"进口"即进入环节和"出口"即退出环节，高职领域 PPP 模式"进入—退出"机制更能凝练高职领域 PPP 模式建设的精髓，更能凸显模式建设的要义，从而更能展现高职领域 PPP 模式的之"魂魄"。

（一）高职领域 PPP 模式机制建设是"善始"机制的建设

在"产权制度建设"语境下，高职领域 PPP 模式进入机制建设——包括识别机制、产权设计和治理机制建设，具有"先入为主"效应和"问渠哪得清如许，为有源头活水来"效应，而引来这个"源头活水"，产权设计和治理机制建设显得尤为关键，而股份制或混合所有制产业学院建设，就是一种具有承载意义的机制建设。

"善始"机制建设的要义在于合意合作者的识别、筛选和确认。合意的内涵是：一为合规合作者，合规即合乎高职领域和 PPP 模式领域的相关政策和法律法规；二为有资质和资格的合作者；三为有实力的合作者；四为热忱的合作者。合意把控的精髓是，极力引入合意合作者，同时谨防"病从口入"，提防"不健康"合作者的"闯入"。

（二）高职领域 PPP 模式机制建设是"善终"机制的建设

1. "后头"建设形成的反向回馈效应可能是正效应也可能是负效应

高职领域 PPP 模式进入机制建设必然会牵引出其他连带机制的建设，这

正是进入机制建设 "一花开" 会引来其他连带机制建设 "百花开"。这是因为，高职领域 PPP 模式机制建设若只顾 "前头" 不顾 "后头"，就会 "虎头蛇尾"，注定成为夭折式建设。有进必有出，否则，高职领域 PPP 模式机制运行链条会中断；再则，"后头" 建设会形成反向回馈效应，这个效应可能是正效应，也可能是负效应，导致产生的影响可能是良性的，也可能是恶性的。

鉴于退出机制建设作为后期建设所形成的反向回馈效应，对于前期建设即进入机制建设，会起到保障、改善、警醒的作用，进入机制与退出机制一定要密切贯通，必须通盘考虑、统筹规划 "前头" "后头" 建设。因此，在高职领域 PPP 模式机制建设中，必须将高职领域 PPP 模式退出机制建设提到与高职领域 PPP 模式进入机制建设同样重要的议程之中。

2. 高职领域 PPP 模式机制的健康运行得益于好的设计

通过 "后头" 建设形成的反向回馈效应所引发的正效应或负效应问题，引出了高职领域 PPP 模式机制运行的设计问题。

首先，高职领域 PPP 模式机制设计不是人为的，要遵从 PPP 模式和高职领域 PPP 模式的内在机理和运行规律。因为构成 PPP 模式和高职领域 PPP 模式的各个要素、成分和部分都是客观存在的，即这些客观存在的要素、成分和部分，是 PPP 模式和高职领域 PPP 模式得以存在和成长的前提。其次，这些既已存在的要素、成分和部分，它们各自发挥什么样的功能，实际上也是客观存在的。但问题的关键在于：一是它们是否真实、真正地发挥了其应有的功能；二是它们所发挥的功能——实际上转化成的作用，到底是怎么样的？是正向的还是反向的，是恰如其分的、勉为其难的还是 "拔苗助长" 的？因此，就存在对这些要素、成分和部分加以 "组合" 即进行关系协调的问题。首先要让它们能够 "相处"，不能使其 "孤立无靠" 地存在；然后要对它们 "相处" 之后所出现的不适进行动态调处，让它们又能够 "和谐相处"。

其实，让这些要素、成分和部分的功能真实而真正地发挥作用，作为一种调处———种因时因地因人因域（领域）等进行的调适，就是一个资源优化配置的过程，而资源优化配置过程正是政府调控、市场调节、社会力量参与相结合的机制设计过程；机制设计过程就是对这些要素、成分和部分进行整合的过程，以至形成高职领域 PPP 模式机制运行链条。由此可见，高职领域 PPP 模式机制设计过程是一个客观事实和主动作为有机统一的过程。

（三）高职领域 PPP 模式机制建设又是"'注'中"机制的建设

高职领域 PPP 模式进入机制建设的"牵引"效应，还表现在高职领域 PPP 模式机制建设又是"'注'中"机制建设上。

"管头顾尾"的建设并非仅是"记挂两头"，必须一并密切追踪并做实高职领域 PPP 模式机制运行轨迹和行走路线的"中间段"。中间过程机制即过程机制建设是退出机制与进入机制对接建设绕不过的"坎"。事实上，没有过程机制的前后连接，对于进入机制与退出机制对接建设究只能"隔岸"兴叹了。

为此，高职领域 PPP 模式机制的运行建设，在"前头"的任务完成之后，必须经过过程的风险分摊和处置以及过程的调适和监管，才能够健康、有序地转入"后头"的任务当中。这表明，高职领域 PPP 模式机制建设在注重进入机制与退出机制对接建设的同时，同样要重视对于对接建设起着连带作用的过程机制建设。

（四）"善始""善终"而"'注'中"的建设成就了高职领域 PPP 模式"进入—退出"机制

上述分析表明，建设高职领域 PPP 模式运行机制，"善始"建设成就了高职领域 PPP 模式进入机制，"善终"建设成就了高职领域 PPP 模式退出机制；而"'注'中"建设由于有序连接了"善始"建设与"善始"建设，使高职领域 PPP 模式进入机制与退出机制实现了对接。因此，"'注'中"建设实为"善始"建设与"善终"建设的贯通式建设。

如此，高职领域 PPP 模式进入机制和高职领域 PPP 模式退出机制被高职领域 PPP 模式过程机制"连接"为"高职领域 PPP 模式进入机制—高职领域 PPP 模式过程机制—高职领域 PPP 模式退出机制"；换言之，"高职领域 PPP 模式进入机制—高职领域 PPP 模式过程机制—高职领域 PPP 模式退出机制"

的更精练表达——高职领域 PPP 模式"进入—退出"机制这一链条得以打造。高职领域 PPP 模式"进入—退出"机制链由此生成并不断在调适中巩固。

　　高职领域 PPP 模式"建设—管理"机制和高职领域 PPP 模式"进入—退出"机制,两者本质上都反映了高职领域 PPP 模式机制的运行状态,只是反映的视角、侧重点、出发点和落脚点有差异。其实,任何项目——包括高职 PPP 项目以及其中的高职产业学院 PPP 项目,都是分阶段实施的。高职 PPP 项目或高职产业学院 PPP 项目实施的早期阶段、中期阶段、后期阶段,都有建设机制和管理机制的运行,同时三个阶段又分别对应着进入机制、过程机制、退出机制的运行。

　　另外,高职领域 PPP 模式"建设—管理"机制和高职领域 PPP 模式"进入—退出"机制两者的接续性有一定的差异。高职领域 PPP 模式"建设—管理"机制在早期阶段、中期阶段、后期阶段三个阶段的每一个阶段运行,会形成一个小整体,三个小整体合为一个大整体;高职领域 PPP 模式"进入—退出"机制在这三个阶段的每一个阶段的运行,则会形成一个小个体,三个小个体合为一个大整体。简言之,两者在接续性上的主要差异,表现为前者是小整体合为大整体,后者是小个体合为大整体。两者殊途同归——分别归于高职领域 PPP 模式"建设—管理"机制和高职领域 PPP 模式"进入—退出"机制而都终归于高职领域 PPP 模式机制。

第三章

高职领域 PPP 模式机制运行：以产业学院为载体

CHAPTER 3

目前，我国高职教育管理受制于"中央和省级政府两级管理、以省级政府管理为主"的高等教育管理新体制，依然存在着公权力过大、政府管制过多而"三位"（越位、错位、缺位）现象突出，以致开放性办学意识淡薄和实际行动阙如、办学机制创新建设滞后等问题，致使占高职教育资源 70% 以上的公办高职院校的办学活力仍然不足。因而激发办学活力，建立健全具有中国高职教育特色的治理结构势在必行，高职院校创新发展中的 PPP 模式建设就应势走上了前台。

产业学院作为这一前台的重要平台，正承担着重要的载体功能——通过 PPP 模式与产业组织结合的"赋能"，高职产业学院 PPP 项目建设正承载着其他载体形式难以承载或难以完全承载的功能。

第一节　产业学院问题的历史回溯和现实拷问

一、产业学院的历史回溯——英国的"产业大学"

（一）英国的"产业大学"是一个社会开放式的学习组织

产业学院被认为最早可以追溯到英国的"产业大学"（university for industry，亦译作企业大学）。但是英国这种冠名"产业"的大学，并非一种直接面向产业建设的大学,而是依照社会需求提供相应教育产品,从而将其作为一种产业来运作的"大学",实际上是一种社会开放式的学习组织。

"产业大学"这一概念,由英国公共政策研究所在 1996 年发表的《产业大学:创建全国学习网》报告中首次提出,1997 年被财政大臣戈登·布朗(Gorden Brown)用于政府工作报告之后,旋即引起反响。1998 年,英国政府以《学习的时代——一个新的不列颠的复兴计划》绿皮书,提出了"产业大学"创建构想,教育与就业部进而拟定了《英国的产业大学——使人人都参与终身学习》规划。至此,英国"产业大学"建设"落地",致力于形成基于终身学习的国家学习网络,打造完整、有效的教育产业系统。

(二)英国的"产业大学"与日韩的产业大学比较

日韩的产业大学与英国的"产业大学"有所不同。日本的产业大学要么是商科大学,如九州产业大学就是日本负有盛名的商科大学;要么是以商科为基石而发展起来的综合性大学,如京都产业大学就是涵盖人文、自然、社会科学的综合性大学。韩国的产业大学与日本类似。总之,日韩的产业大学是以产业"起家"并以此为依托而持续成长的。

比较英国的"产业大学"和日韩的产业大学不难发现,前者是一种面向社会——当然包括产业界——的产业型学习组织,后者是直接面向产业并经由产业而发展起来的以高校或大学形式出现的学习组织,但两者又基于开放式办学而殊途同归。

二、产业学院问题是大学与社会关系问题的历史与现实的交织

(一)产业学院问题背后的"产业大学"或产业大学问题反映的是现代大学职能演变轨迹

无论是英国的"产业大学"还是日韩的产业大学,都具有面向社会办学的本质特征。沿着产业大学或"产业大学"脉络走过来的产业学院,作为现代大学或现代大学的有机部分,也无不反映大学与社会的关系,这可从现代大学的职能演变看得更为清晰。

现代大学发展至今，其职能发生了两次重大变化。① 从"纽曼式大学精神"向"洪堡式大学精神"转变，这是大学职能的第一次重大变化，是从单重教学到教学与科研相结合的变化；从"洪堡式大学精神"向"威斯康星思想"转变，这是大学职能的第二次重大变化，是从教学与科研相结合向在这种结合中服务社会的变化。美国的赠地学院和威斯康星大学所发展起来的为社会服务理念，成为大学共同信奉的精神，并在此基础上发展出独立的第三种职能。②由此，大学以教学为根基，以教学与科研相结合产生的成果为社会提供服务，大学科技成果的转化和应用，这些越来越成为社会关注的话题。

（二）社会的呼吁和大学的回应奏响的是大学与社会关系的"双乐章"

大学职能的重大变化对高等教育发展所产生的深刻影响，来自社会愈发强烈的呼吁和大学对此的自觉和不自觉回应。

1. 大学的千年发展史是一部大学理想与社会现实的冲突和协调史

大学自中世纪诞生以来，就一直徘徊于理想与现实之间。③ 大学的千年发展史，就是一部继承和变革的交互作用史，即大学理想与社会现实不断冲突和协调的历史。19 世纪，大学封闭在"象牙塔"内，形成经典大学理想；到了 20 世纪初，经典大学理想开始式微，大学开始走向社会生活，大学的现实感得以增强；20 世纪中叶以后，大学的"象牙塔"形象一去不复返了，大学理想、大学与社会的关系都发生了重大变化，大学的目的也有了根本的改变，即不仅是大学职能增加了——出现服务社会职能，而且大学生存方式和理念也产生了转变：人才培养的目的已从追求人的完善转变到满足社会现实需要，科研也从对纯粹知识的探求转变到更多地关注知识的应用。

回到现实，这正是大学社会理想和观念变化的缩影，高等教育从精英化向大众化再向普及化渐次演变，是这一缩影的现实写照。大众化消解的不仅

---

① 顾永安 . 新建本科院校转型发展论 [M]. 北京：中国社会科学出版社，2012.
② 刘振天 . 内涵式发展：高等教育本质论、价值论与方法论重建 [J]. 大学教育科学，2013（6）.
③ 邬大光 . 大学理想和理念断想〔N〕. 中国教育报，2006-06-30.

是大学的神秘色彩，也诱导大学放弃了学术的神圣性，令大学从"象牙塔"沦为"培训班"。①

大学理想与现实的冲突和协调，更直接体现于对大学根本问题的看法，总括为"大学应该做什么""大学为什么而教""大学应该教什么"三大问题。

（1）"大学应该做什么"问题的冲突和协调使得大学加速向社会靠拢

现代大学从事的教学、科研和社会服务三项活动，是相继产生的。一方面，在大学的理想中，无论是基于人的发展还是知识的发展，教学与科研是能够统一起来的，因为针对高深学问的教学本身难免带有研究的性质，研究学问的本身就完善了人格。另一方面，教学与科研间原本有的默契，又受到大学与社会关系变化的深刻影响：社会对大学越来越多而强烈的要求使之有了更多的实用价值，继而担当着促进经济社会发展更重要的角色；而社会的这种要求又加速了大学向社会靠拢：培养人本身的教学和为培养人本身的教学服务的研究以及纯粹科学渐受冷落，能够产生可见又可观效益的科研或社会服务型研究大受重视。

科研在大学的独立以及科研的分化——分化出纯粹的研究与应用的研究或社会服务型研究，尽管是其自身发展的要求，但更是由于其在工业革命和产业革命中展现的巨大力量，一旦精神的东西化作为物质的力量，其对社会巨大的影响和改变是难以逆转的。

（2）"大学为什么而教"问题的冲突和协调催生专业教育及其矫正的通识教育

"大学应该做什么"问题又引申出"大学为什么而教"问题，即大学是应该培养人的理性、个性而促进个体发展，还是培养人在社会上的生存技能而为个体谋生做准备。学校和社会以分别倾向于前者和后者的姿态做出了回答。但在实践中，"大学为什么而教"的问题，往往以学校理想与社会需要对接这种妥协和折中的方式体现出来。这种"体现"主要表现在博雅教育与专

---

① 项贤明. 论大学的祛魅及返魅的可能 [J]. 高等教育研究，2017（8）.

业教育及其差异上。经典大学理想追求自由教育或博雅教育，与社会需求的专业教育相比，是两种不同的价值取向。博雅教育思想源于古希腊的"自由人知识"和古罗马的"自由人技艺"，盛行于 19 世纪中期的欧洲。专业教育则催生于知识的专门化和学科的分化。由于贵族教育向平民教育转变，也由于经济发展特别是科学向技术的转化，研究向应用转变，从而产生了对高级专门人才的更多需求。如此，19 世纪后半叶以后，专门教育及其演变而来的职业教育稳健地渗入大学。对于受教育个体而言，博雅教育与专业教育的价值差异主要在于，前者彰显精神发展需要，具有非实用性；后者体现社会发展需要，具有实用性。

然而专业教育的过度发展，又不断呈现专业知识容易过时和专业技能训练不足的弊端，仅为职业做准备的狭隘性就是这种弊端的集中表现。过度"渲染"专业教育的价值，有遮蔽博雅教育价值之虞。博雅教育不直接给人带来实用的技术、技能，但它指向人的发展，促进人对世界的更深理解。[①] 基于专业教育的不完整和博雅教育的不完美，需要一种对专业教育与博雅教育的整合教育。于是，就有了"现代版"的博雅教育，即传承和与时俱进兼备的通识教育。通识教育不排斥专门知识，但强调以专门知识发展精神，强调人作为国家公民的综合素质。通识教育既是专业教育的延续即建立在学科分化基础上的广博教育，又是博雅教育的现代再现，是对专业教育的一种时代矫正。

（3）"大学应该教什么"问题的冲突和协调呼唤的是科学与人文有机结合

至于"大学应该教什么"问题又引发科学与人文的冲突和协调问题。科学与人文的冲突始于 19 世纪，这源于科学的迅猛发展而形成的知识科学化、人的工具化所造成的人文缺失。20 世纪中期以后，人们在反思中呼唤人文精神回归。其实人文精神就是人在社会发展中的尊严、人格和价值，它蕴含在大学的理想之中。通识教育基础上的专门教育得到越来越多的认同，学生不再被限制在某一专业领域而有机会进入更广阔的科学与人文视野，正是基于

---

① 卢乃桂，罗云.西方高等教育的企业化进路 [J].高等教育研究，2005（7）.

这种回归而实现科学与人文结合的反映。

2. 大学理想与现实的冲突和协调是一种动态的调适

综观上述演化历程,梳理出的一条主线:大学理想与现实的冲突和协调,总是基于社会转型重要历史关头的不同时代背景;教学与科研、博雅教育与专业教育、科学与人文,种种争端,其表象是孰轻孰重的问题,其实质是一种动态的调适,是在"不平衡—平衡—不平衡—平衡"的螺旋上升中助推大学教育不断前行。大学自治与社会服务之间不是简单的此消彼长的零和关系,而是在一种动态的平衡关系中实现权责统一。[①]

归根到底,大学理想与现实的冲突和协调,实为大学教育的"有用"与"无用"、目的与手段之争;一个毋庸置疑的总趋势是:那些顺应社会现实需要和发展要求的大学教育活动,被认为是有用的。

（三）离"有用"更近些的中国高职院校同样要面对"三大冲突和协调"问题

1. 百年未有之大变局下的中国大学历史与现实的碰撞前所未有

处于全球化（"逆全球化"不过是全球化的特定时代背景反映）和国际化大格局下的中国大学教育,也无不处在这种动态的调适过程之中,在"有用"与"无用"的旋涡中前行。这从中国传统文化中的"道器观"对教育的影响及由此的变迁可见一斑。中国重"道"轻"器"的历史传统,为现代重"器"轻"道"或"器道"结合所取代,这一传统观念与理念的变革对大学的现实影响是空前的。何为"道"?形而上者谓之道,即非物体的东西;何为"器"?形而下者谓之器,即物体的东西,可扩展为有用的东西。

特别地,在当今百年未有之大变局下,中国大学受到的冲击与挑战前所未有,机遇也是前所未有的。面对现实,人们寻找着大学的发展新方向。

2. 更具有功利性和工具性定位的高职教育也要"仰望星空"

以发展技术见长、为学生的职业与谋生做准备的中国高校系统中的职

业技能型院校——高职院校，其情形又如何呢？由于先天的和政策的原因，较之普通高等教育，高职教育的定位是一种更具有功利性和工具性的教育类型。

事实上，从世界职业教育的成长史来看，正是由于工业革命所引致的科学向技术、知识向应用的转化，才从教育中独立出来一种新的技术教育。[①]换句话说，职业教育的出现天然地就与"技术"和"应用"相连。起步晚于西方的中国职业教育，也摆脱不了这种蜕变格局；处于职业教育较高层次的高职教育莫不如此。依据 2019 年国务院发布的《实施方案》中"高等职业学校要培养服务区域发展的高素质技术技能人才"这一办学定位，离"有用"更近一些且以"有用"见长的高职院校，同样要面对并解决"三大活动"（教学、科研和社会服务）、专业教育与通识教育、科学与人文之间的冲突和协调问题。

现代高职教育不应该只是局限于职业和技术的狭隘教育，而更应成为助推国家、社会、个人发展的可持续教育；蕴含人文精神又肩负时代责任感才是现代高职教育的真谛。在世界百年未有之大变局下，在"破局"和"立局"并存的时代，如何培养既懂技术会"做"事，又有德性会"做"人的高素质技术技能人才，如何不使市场经济发展成为不讲道德的坏的市场经济，使中国崛起与文明复兴找到其担纲者，高职教育肩负着普通高等教育难以替代的历史使命。在这个从农业文明中走过来而正走在工业文明与后工业文明交织路上的时代，高职教育正在功利与理性的挣扎中寻找答案；而给予受教育者以"整合的能力"所彰显的创新精神、创新动力和创新才干，正是其持续发展和生生不息的源泉。

三、产业学院问题具体归位于大学与企业建立一种什么样的关系机制

如上分析，产业学院问题是大学与社会关系问题的历史回响与现实碰

---

① 陈解放. 合作教育的理论及其在中国的实践 [M]. 上海：上海交通大学出版社，2007.

撞的反映，这种反映是大学与企业关系问题历史性和时代性的一种交织；或者说，大学与企业之间建立一种什么样的关系机制，产业学院可以是一个代表，而现代产业学院自是现今时代的代表。2020 年 8 月，教育部、工业和信息化部联合发布《现代产业学院建设指南（试行）》，明确提出要建设高校与地方政府、行业企业等多主体共建共管共享的现代产业学院。

对于为产业一线培养高素质技术技能人才的高职院校来讲，产业学院建设更具现实意义。

（一）产业学院是大学与企业基于产业（链）的联盟组织

1. 大学—企业联盟是凸显"两界"特点的异质性联盟

大学与企业要建立一种什么样的关系机制，不妨从联盟或同盟开始讲起。联盟或同盟初指两个或两个以上的城邦（如希波战争期间，以雅典为首的一些希腊城邦结成"提洛同盟"）、独立国家或民族为了自保而通过正式协定或条约建立的集团，后统指个人或组织与其他个人或其他组织形成的集合体，比如政治联盟、经济联盟、军事联盟、教育联盟等。应用"联盟"概念和联盟组织机制，大学与企业的关系模式可以建立一种基于经济—教育联系的联盟组织。

从初始的邦邦同盟、国国联盟组建来看，联盟起于同质性集合体，形成同质性联盟；由于联盟组织基于"捆绑"形成的示范性效应，同质性联盟又扩展到异质性联盟，还从政治领域扩展到社会各个领域；并且同质性联盟内部可以组建若干子异质性联盟，异质性联盟内部亦可形成若干子同质性联盟。依大学与企业关系模式建立的联盟为异质性联盟，这种异质性联盟由于衔接了教育与产业两界，因而具有人才培养属性凸显的社会效益与"经济动物"本能凸显的经济利益调处，以及在动态调处中搭建和优化合作伙伴网络结构的显著特点。

高职院校与企业建立的这种异质性联盟，是大学与企业关系模式在高职领域的反映，既反映了工学结合、产学合作、产教融合建设成果，又反映了取得这些成果所依赖的重要条件。高职教育校企合作联盟，是指在政府宏观引导下，高职院校、行（企）业和中介组织基于各自的发展战略目标，依据彼此的异质资源结合而成的一种风险共担、利益共享的伙伴关系。①

2. 高职产业学院"表达"着对产业（链）的关切、追问、跟进、渗透

在大学—企业联盟中，产业学院便是大学与企业基于产业（链）建立的一种异质性联盟。由于联盟组织可能是紧密型的，也可能是半紧密型的，也可以说，产业学院是以校企为主体的相关利益方基于产业（链）建立的紧密型或半紧密型组织，通常，依产权关系建立的产业学院为紧密型的。

职业技能型高校即高职院校与企业行业合作建立的特色产业学院，通过对接产业特别是产业链，学校（一级层面）及其附属组织（二级层面）与企业之间建立一种联盟性的关系机制，依托产业学院"表达"着对产业层次、产业关联程度、产业所需的资源加工深度和产业产出的满足需求程度的关切、追问、跟进、渗透。

（二）"大学被殖民了"后催生出大学与企业关系机制的种种形式

在社会学视域下，大学与企业的关系机制又如何呢？哈贝马斯（Habermas）认为"大学被殖民了"。哈贝马斯的"生活世界殖民化"理论认为，生活世界的各种关系被现代社会的市场机制和官僚制的权力侵蚀，以致于越来越商品化、金钱化和官僚体制化——大学也不能置身事外。包括高等教育在内的公共部门改革在运行机制层面便是这两种管理机制（国家控制的管理模式和市场运作的机制）的变化，也可以说是国家、市场在高等教育等公共部门中角色地位的消长。②

理论化的阐释带来的是建设实践的创新。孵化器组织、硅谷模式、"三重螺旋"生态等大学与企业关系机制建设进程中的重要成果和重要代表，为产业学院的创新机制构建提供了很好的借鉴。现代大学不仅成为中小企业成长的孵化器，产学研一体化的大学运行管理模式更使大学与企业之间相互渗透、相互融合进而共同依存与发展。大学与企业的关系由单一的扶助型逐步

---

① 张海峰. 高职教育校企合作联盟的系统研究 [J]. 教育与职业，2009（20）.
② 卢乃桂，罗云. 西方高等教育的企业化进路 [J]. 高等教育研究，2005（7）.

转变为前所未有的三重螺旋体制。① 由此，现代大学在助推孵化器成为中小企业尤其是科技型中小企业"成长摇篮"中发挥着不可或缺的作用；硅谷模式则鲜明地代表着这种以科技创新为指向的产学研一体化大学运行管理模式；而强调官产学协同创新的"三重螺旋"生态，标志着大学与企业关系机制建设进入"行政链—产业链（生产链）—科技链""链链联结"的新境界。三螺旋理论认为，官产学创新系统是由缠绕在一起的三个螺旋通过契约合作关系形成的一个螺旋状的联动模式。② 大学—产业—政府间的关系由两两互动转变为三重螺旋交替，三者间的合作涉及不同利益主体，催生了创业型大学的崛起。③

（三）产业学院是大学与企业关系机制基于产业（链）的共同体

1. 高职院校职能的协处及其变化对工学结合、产学研合作、产教融合及其载体建设的要求更显紧迫

对于作为高等教育体系重要组成部分而又置身于经济成长前沿的高职院校来讲，工学结合、产学研合作、产教融合是其发展的必由之路，然以"研"立命或制胜的孵化器组织、硅谷模式以及叠加的"三重螺旋"生态，似是"阳春白雪"，而以教学为基，以跟踪并服务于区域产业发展的应用性科研才是"王道"。

对于处理教学与科研的冲突，或者说对于协处教学、科研、社会服务三者间的关系，如果说在高职教育的起步期和发育成长期，相当一部分高职院校往往是以教学居于绝对优势甚至取代科研得以协调，从而是以单一的教学活动服务社会的，那么当高职教育进入创新发展期、提质培优期以后，一些高职院校则将教学与科研的冲突置于一种动态平衡中，是以更加灵活有效的

---

① 孟丽菊，刘则渊.联盟还是殖民：大学与企业关系的双重视角 [J].高等教育研究，2006（3）.
② 赵东霞，郭书男，周维.国外大学科技园"官产学"协同创新模式比较研究——三螺旋理论的视角 [J].中国高教研究，2016（11）.
③ 许长青.三螺旋模型的政策运用、理论反思与结构调整 [J].高等工程教育研究，2019（1）.

教学活动和不断提高的科研水平来服务社会而得以协调的。从贯彻就业导向办学方针来看，"前"期（起步期和发育成长期）的这些学校多瞄准既有工作岗位，将培养学生的应岗、顶岗能力放在首位；"后"期（创新发展期、提质培优期）的这些学校则越来越重视对学生"整合的能力"的培养，将引导、扶持、帮助学生开辟新的工作岗位，将创新意识、创新精神、创新能力"三位一体"的创新训练放在重要位置。通过这种"整合的能力"的培养，实现的"能力即任务→能力即素质→能力情境化"的"进化"，是"表层认知→泛化认知→理性认知"的深化。基于此，科研活动地位得到明显提升，科研活动功能得到明显强化，这是因为过往单一的教学活动无法应对时势的变化，有社会服务含量的科研支撑，才能实现高职教育的创新发展。

于是，工学结合、产学合作、产教融合及其载体建设就显得紧迫。载体形式的选择和选定载体的建设状态，直接影响着工学结合、产学合作、产教融合的实质性成效——从这个意义上讲选定的载体便成为"集大成者"。

2. 各载体形式合称的共同体经历了历史长河的"荡涤"

共同体分同质性共同体和异质性共同体。教育领域或职教领域的共同体，也可以此分类；以工学结合、产学合作、产教融合方式或通道所建立的共同体，当然是以学校和企业为建设方（企业即便暂未成为另一办学主体，依然是异质性建设主体）或办学主体的异质性共同体。如职教实践实训基地、产学研基地、（应用性）研发（研究）与服务中心、教学工厂、科技（科教）园区、职教集团、分校、企业制学院、二级学院、产业学院等载体，"共同体"便是其合称。要深入认知共同体和教育（职教）领域共同体问题，需追寻共同体所经历的历史长河的"荡涤"路线。

"共同体"是单个人为了避免生存和发展危机而主动建构的人群关系有机体。① 共同体的历史至少与人类文明史一样久远。这些共同体在历史长河中要么形成于自然演化，要么形成于人为建构。人类或多或少是在"自己的"

---

① 王泽应. 命运共同体的伦理精义和价值特质论 [J]. 北京大学学报，2016（5）.

共同体下展开集体行动与公共生活的，反映了人类作为社会性动物的天性。^①从古希腊时期的“共食制”观念和对城邦社会的反思，到涂尔干（Durkheim）（共同体从“机械团结”到“有机团结”的变化）和滕尼斯（Tönnies）（共同体是人类出于“本质意志”即“默认一致”的有机团结）以共同体所折射的西方国家从前现代社会到现代社会转型中所遭遇的种种危机，从罗尔斯（Rawls）基于个人自由和功利的共同体理论、诺齐克（Nozick）基于个人权利的共同体理论，到桑德尔（Sandel）构成意义上的共同体概念，传统共同体向现代共同体转变的路线清晰可见。

这些观念、主张、理论和概念等，都体现出共同体是以在“共同的记忆”“共同的观念”“共同的利益”基础上的认同为基础的。^②现代共同体的特点主要表现在结构变化、边界变化和联结模式变化“三大变化”中：从结构来看，共同体的成员构成从单一性群体转为多元性群体；从边界来看，共同体从主要基于血缘、地域、宗教的“自然”边界转为跨边界甚至无边界；从联结模式来看，共同体从“内化”式联结转为“内化”与“外化”联动式联结。

3. 产业学院是高职教育工学结合、产学合作、产教融合共同体的代表

高职院校走工学结合、产学合作、产教融合之路，必须建设工学结合、产学合作、产教融合共同体，而具体的载体形式自是一个现实选择问题。

产业学院由于直接对接产业价值链，瞄准全产业链而进行整合的优化建设，是一种具有按照技术技能人才培养定位来构建融入行业企业一线体制机制特征的教育教学组织（亦进行科研和社会服务活动），又由于其特定“构造”适于进行股份制或混合所有制建设，就在职教实践实训基地、产学研基地、（应用性）研发（研究）与服务中心、教学工厂、科技（科教）园区、职教集团、分校、企业制学院、二级学院这些高职教育工学结合、产学合作、产教融合共同体的具体载体形式中“脱颖而出”了，成为其中更适用、更具特色从而更有前景的载体形式。适用的就是最好的，而有特色才适用。

---

① 王雍君，乔燕君.“财政树”：一种新的财政学构建〔N〕.中国财经报，2017-06-13.
② 王露璐.共同体：从传统到现代的转变及其伦理意蕴[J].伦理学研究，2014（6）.

综上所述，关于大学与企业建立一种什么样的关系机制，通过历史回溯和现实拷问，归位于或落脚到对于适当的载体形式的选择及其建设问题上；于是，从大学与企业关系模式的脉络梳理出发，从联盟组织到共同体代表，放眼全球工业革命本质是产业革命的大变局，高职产业学院作为代表性载体的建设意义一一呈现；并且，这个载体也承载着高职领域 PPP 模式建设的创新价值和现实意义。

第二节　高职产业学院建设的载体意义

如上述，高职产业学院既是高职院校与企业基于产业（链）共建共享的联盟组织，又是高职教育工学结合、产学合作、产教融合共同体的代表。

鉴于产业学院在产业导向性建设、产教深度融合建设、全产业链对接建设中的"重要实施载体""重要牵引载体""重要平台载体"功能和作用，高职院校是要通过产业学院建设，强化高职教育与区域产业间的有效适配，增强高职教育服务于区域产业发展的承载力，来谋划布局并建立高职教育切入、嵌入区域产业发展以至经济发展的组织架构和运行体系，以此培育特色竞争力、打造核心竞争力、形成持续竞争力的。

为此，高职院校合作推进的产业学院建设，是基于产业导向性建设、产教深度融合建设、全产业链对接建设"三大建设"的逻辑，通过对教学工厂或校中厂等的"升级"和对企业制学院的"定制"，以目前高职院校涌现的建设样本为镜鉴，以 PPP 模式等为建设模式，主要从学校二级层面入手进行的（学校一级层面建设或可预见）。

一、产业学院是全面推进高职院校产业导向性建设的重要实施载体

（一）产业导向性建设问题的提出

1. 高职院校是在"动""变""走"中接受产业的"洗礼"

按照《实施方案》的政策定位，"培养服务区域发展的高素质技术技能

人才"的高职院校，要随着区域经济社会动态发展而"动"，循着市场需求而"变"，跟着区域产业结构调整而"走"，并在"动""变""走"中，从"跟行"走向"并行"而逐步达到"领行"的境界。这是高职院校服务区域发展，从"被动适应"已转为"积极应对"再期望转为"主动引领"的成长路线。

显然，面对"双要求"，即区域经济社会动态发展这一发展方式要求和市场需求这一资源配置要求，区域产业结构调整即产业发展要求，作为落实发展方式要求和资源配置要求的要求，有着明确的指向性——明确指向产业，以及较强的落实性——落实于产业优化发展，是在发展方式要求这一"大盘规划"和资源配置要求这一"规划资源支撑"下，指向产业并落实于产业优化发展的。

这意味着高职院校产业导向性建设具有传导性、延展性的功效，即高职院校是通过与市场变化的调适，借力于资源的有效配置，传导于区域产业结构调整进而延展于区域经济社会动态发展的。这里的传导实为主动式服务或引领式服务。

2. 产业学院是高职院校达到发挥区域发展作用三重境界的有效载体

由此可见，高职院校产业导向性建设既内生于这些要求，又会助推和牵引这些要求化作区域产业发展以至经济社会发展的实践。"'内生于'+'助推和牵引'"的蕴涵是：主客观因素使然，高职院校在区域产业发展和经济社会发展中，正扮演着越来越重要的角色，发挥着越来越重要的作用。领悟该蕴涵并显化其意义，则是跟踪、贴近和引领，这是高职院校发挥其区域发展作用的三重境界。

于是，高职院校产业导向性建设的"导向"被提了出来。在此，"产业导向性建设"为综合性概念，意指高职院校基于产业导向的各项硬件建设和软件建设，而承载它的正是产业学院。

（二）产业学院建设是基于三重境界的现实性和愿景性要求

1. 产业学院建设要厘清并把握"市场决定性精神"与"市场精神"的精髓

为落实党的十八届三中全会关于"使市场在资源配置中起决定性作用"

的决定，中共中央、国务院于 2020 年 3 月发布《关于构建更加完善的要素市场化配置体制机制的意见》，提出"完善要素市场化配置是建设统一开放、竞争有序市场体系的内在要求，是坚持和完善社会主义基本经济制度、加快完善社会主义市场经济体制的重要内容"。这为高职院校——与市场和产业联系最为紧密的学校，致力于建设服务于"具有'市场决定性精神'的经济体系、经济制度和经济体制"，即致力于建设服务于具有"市场决定性精神"的经济体系、经济制度和经济体制而具有"市场精神"的高等教育学校指明了方向。

"市场决定性精神"与"市场精神"表述不同，背后的意蕴是：鉴于教育领域和高职领域的特殊性，对于教育资源和高职资源的配置，不宜提"发挥市场机制的决定性作用"，而宜提"更好地发挥市场机制的作用"。无论是推进高职教育工学结合、产学合作、产教融合建设——如产业学院建设，还是在高职领域推进 PPP 模式建设，抑或是以 PPP 模式推进产业学院建设，都要遵循市场精神准则，更好地发挥市场机制的作用，并在其中把握和处理好以市场精神准则显现的经济利益追逐冲动，与学校立德树人要求的教育社会责任担当的平衡关系。

2. "五大功效"呈现的是跟踪、贴近、引领图景

直接"链接"产业的产业学院建设，在这种以"市场精神"塑造服务于"市场决定性精神"塑造的过程中，具有"桥梁""载体""纽带""推进器""反映"的功效。

如果说区域经济社会发展"大盘"和区域产业发展规划为"顶层设计"，区域企业的发展规划和建设计划为"基础设计"，那么以教育链和人才链有效对接产业链的重要通道产业学院，即处在联通"顶层设计"与"基础设计"的"中层设计"位置上，是连接"顶层设计"和"基础设计"的桥梁；与此同时，产业学院又是将"顶层设计"问题转化为"基础设计"问题从而化作实施问题的重要实践载体；不仅如此，产业学院建设是将"三大需求"即区域发展需求、区域产业发展需求、市场需求，与高职院校人才培养目标有效连接的重

要纽带,因而也是区域发展和区域产业调整的推进器;当然,产业学院建设态势还是区域经济社会发展和区域产业结构变化真切而动态的反映,这种反映既现实又前瞻。

"桥梁""载体""纽带""推进器""反映"五大功效呈现的图景是:跟踪、贴近、引领,这是高职院校通过产业学院建设与区域发展构建良性生态关系的三重境界。达到"跟踪"和"贴近"境界,是对产业学院建设提出的现实而紧迫的要求,其背后是高职院校对区域发展诉求的积极回应,但这种"应诉"仍然停留在适应性层面;逐步达到"引领"境界,则是对产业学院建设提出的愿景性要求,其背后是高职院校对区域发展主动引领的诉求,这种"应诉"跃升到了引领层面。高职院校要借力于产业学院建设,在目前的区域局部性引领基础上,逐步拓展和提升其引领能力。

二、产业学院是全面推进高职院校产教融合建设的重要牵引载体

推进彰显产业导向价值、蕴含"市场精神"的产业学院建设,也是高职院校通过全面推进产业导向性建设继而推进产教融合建设借以融入区域建设主战场的重要切入点。

(一)从"三对接"到"五对接",都不离产教融合建设主旨

2014 年 2 月 26 日,国务院常务会议在部署加快发展现代职业教育时,明确提出了"三对接"的要求,"三对接"即专业设置与产业需求对接,课程内容与职业标准对接,教学过程与生产过程对接;同年 5 月发布的《国务院关于加快发展现代职业教育的决定》,则以"五对接"对"三对接"进行了拓展和深化。"五对接"即专业设置与产业企业岗位需求对接,课程内容与职业标准对接,教学过程与生产过程对接,毕业证书与职业资格证书对接,职业教育与终身学习对接。

比较"五对接"与"三对接",课程内容与职业标准对接、教学过程与生产过程对接不变,表明这两个"对接"既被认可又有稳定性;专业设置与产业企业岗位需求对接较之专业设置与产业需求对接,强调专业设置不仅要与产

业需求对接, 还要与企业岗位需求对接, 从产业需求到企业岗位需求, 这一对接要求从岗位瞄准上进行了细化, 从中观层面细化到微观层面; 毕业证书与职业资格证书对接、职业教育与终身学习对接这两个"对接"为新增对接要求, 前者强调的是"双证书"制度建设, 后者强调的是职业教育作为国民终身教育体系重要组成部分的制度建设。新增对接要求的延展表现在: 第一, 毕业证书与职业资格证书对接, 将学生的毕业资格认定延展到职业生涯领域, 旨在构建毕业资质的职业性认定机制; 第二, 职业教育与终身学习对接, 将职业教育体系延展到国民终身教育体系, 指向国民终身教育体系构建中的职业教育作为。细化和延展都是一种深化。

无论是"三对接"还是"五对接", 其实质是职业教育或高职教育发展秉持产业导向原则, 实现产教融合式发展, 只是"五对接"对产教融合式发展的要求更高、更全面。"融合"本是一个物理概念, 是指像熔化那样融成一体, "融"即固体受热变软或化为流体; "融合"的引申义, 是指将两种或多种不同事物通过一定机制或作用融成一体。这里的产教融合是指产业行业企业与职业教育或高职教育教学科研的全程深度融合, 跨越职业与教育、企业与学校、工作与学习的疆域, 融教育教学、生产劳动、素质陶冶、技能提升、科技研发、经营管理和社会服务于一体。①

(二)专业群建设是产教融合建设实现"专业—产业"链接的支点

"三对接"或"五对接", 其实都可归为"教"与"产"的对接, "产"显然指向产业行业以及"身"处其中的企业, "教"则落实于以专业和专业群建设为主要或重要依托的产业导向性教育教学建设; 而聚焦产业导向性教育教学建设的产业学院建设, 就是能够典型而便捷地实现这一"专业—产业"链接的重要载体形式。

目前高职系统正在推进"双高计划"。"双高计划"建设标志着高职院校进入新一轮的改革发展期, 是落实《实施方案》的重要举措, 旨在建设一批

① 杨运鑫, 罗频频, 陈鹏. 职业教育产教深度融合机制创新研究 [J]. 职业技术教育, 2014 (4).

引领改革、支撑发展、中国特色、世界水平的高职学校和专业群。依据 2019 年 12 月发布的《教育部 财政部关于公布中国特色高水平高职学校和专业建设计划建设单位名单的通知》，入围学校共有 197 家。可以看到，无论是高水平学校建设单位（共 56 家，其中 A 档 10 家，B 档 20 家，C 档 26 家），还是高水平专业群建设单位（共 141 家，其中 A 档 26 家，B 档 59 家，C 档 56 家），专业群建设都处在支点位置上——高水平学校建设单位和高水平专业群建设单位分别被批准建设 2 个专业群和 1 个专业群，起到了"双高计划"落实和推进的"杠杆"作用。"双高计划"的主要建设内容，之所以选定为专业群而不是专业，意在以专业群建设带动更多关联专业的发展。要认识专业群问题，还得从专业讲起。

1. 职业教育专业有着职业教育的特质

专业通常是指高等学校（含普通高等学校和职业高等学校即高等职业院校）和中等职业学校按照社会职业分工、学科分类、科学技术和文化发展状况以及经济社会发展需要而分成的学业门类；专业通常也泛指专门人才所从事的特定的业务领域或某一大类职业。专业既是学校制订培养目标、教学计划，进行招生、授课、就业安排等工作，为社会培养、输送各类人才的依据，也是学生选择学习方向、学习内容，进而形成自己在某一专门领域的特长，为将来职业活动做准备的依据。专业的本质就是根据特定领域形成的知识和能力的组合，表现在形式上就是不同课程的组合。由于社会需要是多种多样的，因而这种组合也是多种多样的；又由于社会需要又是动态的，因而这种组合也是随之不断变化的。

关于职业教育的专业，姜大源在《职业教育学研究新论》中的观点颇有代表性：它不等于学科门类，也不等于社会职业。根据职业性原则，以"职业"形式运行的职业教育的专业应凸显职业的内涵：一是专业划分的基础与相关职业在职业资格（包括专业知识、专业技能）方面所具有的一致性；二是专业培养目标制定的依据与相关职业在职业功能方面所具有的一致性；三是专业教学过程的实施与相关职业在劳动过程、工作环境和活动空间（职业情境）方面所具有的一致性；四是专业的社会认同与相关职业在社会上的地位及其社会价值判断方面所具有的一致性。[①]

由此看来，职业教育（含中职教育和高职教育）的专业与普通高等教育的专业是有区别的。普通高等教育的专业主要依据学科分类、社会发展和工作领域而划分，侧重于学术性，且趋向于拓宽专业面，向综合性发展；职业学校的专业主要是按照职业分工与职业岗位群对专门人才的要求而设置，强调职业性，强调综合职业能力的培养，同时也注意基础性和就业的适应性。

2. 专业群背后的产业集群揭示的是职业教育与产业发展间的联系

专业群是由一个或多个办学实力强的重点建设专业作为核心专业，由若干个工程对象相同、技术领域相近或专业学科基础相近的相关专业组成的集合。专业群的基本内涵是：专业群是以重点建设专业为龙头、以相关专业为支撑组成的专业集群；专业群是指由若干个专业技术基础相同或紧密相关、表现为具有共同的专业技术基础课程和基本技术能力要求、并能涵盖某一技术领域或服务领域的集群；若干个专业的集聚，会形成专业群加速发展效应，以增强市场适应性。

"群"的概念来自经济学，"群"理论的古典基石是马歇尔（Marshall）的产业区论（马歇尔将工业集聚的特定地区称为"产业区"）和韦伯（Weber）的古典区位论；而将群（集群）引入产业分析，著名管理学家迈克尔·波特（Michael Porter）贡献突出，1998 年他在《哈佛商业评论》发表的《企业群落与新竞争经济学》指出，群是在某一特定领域内互相联系、在地理位置上集中的公司和机构的集合。从此，产业（企业）集群研究从边缘走向主流，对产业集群实践产生了深远影响。产业集群研究所推动的产业集群实践，又对与之相联系和相适应的专业群建设提出了新要求。在全球产业结构和布局深度调整的背景下，产业集群模式必定会被各大企业广泛借鉴，高等职业院校的教学方式针对专业集群发展现状进行改革创新，是一种必然趋势。[②]从这

---

① 姜大源. 职业教育学研究新论 [M]. 北京：教育科学出版社，2007.
② 彭连刚. 基于航空产业集群的高职专业建设和人才培养研究 [J]. 职教通讯，2017（15）.

个意义上讲，专业群对应的是经济发展的产业集群和产业链；专业群的概念揭示了职业教育与产业发展之间、与区域经济成长之间的内在联系。

3. 专业群的兴与旺催生于传统专业制度与产业界零碎和松散关联之弊

由上可见，从单一的专业到专业集合的转变，这是传统专业制度变革的需要并由此产生的必然结果。不过，对于普通高校来讲，其实现的转变是从僵化的专业制度建设到机动有效的学科群建设的转变。这就是说，普通高校是按照学科群来建设其"专业群"的——尽管其没有"专业群"这样的说法，但不妨可以这样来理解。至于普通高等教育以下的普通教育就更谈不上专业群建设问题了，因为它们连"专业"的概念都没有。鉴于此，谈到专业群建设，它通常就是指职业教育的专业群建设。

职业教育专业群建设与普通（高等）教育学科群建设，并非仅仅在于"专业群"和"学科群"的名称不同，更在于其背后职业教育与普通教育在定位、性质、功能等方面的差异。

传统专业制度是以普通教育特别是普通高等教育为基础形成的。由于历史的原因，职业教育的专业制度基本沿用了这一制度——至少在职业教育发展早期是如此的。职业教育专业制度经过多年的建设，也积累了许多矛盾。一是资源利用的专业分割，或者说，专业建设的封闭或相对封闭形成的专业壁垒，限制了专业的服务能力，以致难以得到产业界的有效支持和参与，从而难以"动""变""走"；不仅如此，资源的无谓损耗更让需要长期积累的专业文化不断流失，使提升专业培养质量的要求成为现实愈加困难。二是专业建设应对市场能力疲弱，使学校难以成为充满活力的办学主体。

4. "二次转型"呼唤更符合技术技能人才成长规律和更契合产业界需求的载体建设

正是如此，一些高职院校专业（群）建设中的学科性色彩依然存留。高职院校虽没有学科的概念，但"压缩饼干"式的本科学科建设的残余影响犹存。因此，高职院校如何在与产业界进行物质、能量和信息的交换中实现共生互赢，亟待专业教学组织以及与此密切相关的组织结构的深刻变革。为此，在专业（群）建设和组织结构跟进上，一些高职院校在淡化和摆脱学科性影响而向职业性转变上，取得了阶段性成效，实现了从学科性向职业性的转型，但这仍然是第一次转型；还要实现第二次转型，即从职业性向产业性转型，实现这一次转型，既可促进产教融合建设又有赖于产教融合建设的成效。当然，职业性与产业性本质上是相通的，但产业性的产教融合的内涵更加丰富，指向更加明确。

为此，产业学院建设被提上重要日程，原因在于它对于高职院校的产教融合建设具有牵引性功效，产业学院也由此担当了"牵引载体"的角色。产业学院出任这一重要角色，其实质是要补足高职院校产业导向性建设和产教融合建设的三个明显短板：一是产业性的实践技能训练等办学条件总体落后；二是产业性办学资源分散且综合利用效率不高；三是校企合作、产学研结合机制不健全，因而产业学院建设更符合技术技能人才成长规律和职业教育发展规律。

三、产业学院是大力推进高职院校全产业链对接建设的重要平台载体

由上分析表明，围绕产业群、产业链和职业岗位群构建专业群，这是总基调。问题是，是作为强调资源组合的"教学管理单位"的专业群，还是作为强调课程组合的"教学基本单位"的专业群，来对接专业？专业群如何对接地方产业？对接哪些产业？组建哪些专业群？群内专业如何设置？等等，这些都是"专业—产业"链接建设需要着力考量的问题。

2020 年 9 月，教育部、国家发展改革委、工业和信息化部、财政部、人力资源社会保障部、农业农村部、国务院国资委、国家税务总局、国务院扶贫办等九个国务院职业教育工作部际联席会议成员单位联合印发《职业教育提质培优行动计划（2020—2023 年）》，提出要"建立产业人才数据平台，发布产业人才需求报告，研制职业教育产教对接谱系图，指导优化职业学校和专业布局，促进人才培养和产业需求精准对接"。由此，高职院校全产业链

对接建设的重要性和紧迫性更加凸显。

（一）产业学院建设能够打造"学院－市场"对接平台，充分整合校企合作资源

1. 面对全产业链建设产业学院

产业链包含价值链、企业链、供需链和空间链四个维度。其内涵要点有三。其一，产业链是建立在产业内部分工和供需关系基础上的，以若干企业为节点、产品为小节点纵横交织而成的网络状态系统；[①] 产业链也是各产业部门之间基于一定的技术经济关联，并依据特定的逻辑关系和时空布局客观形成的链条式关联关系形态。其二，产业链有垂直的供应链、横向的协作链，垂直关系是产业链的主要结构，一般把垂直分工划分为产业上游、中游、下游关系，横向协作关系则是产业的服务与配套；产业链也有接通产业链和延伸产业链，前者是指将一定地域空间范围内的断续的产业部门借助某种产业合作形式串联起来，后者是将一条既存的产业链尽可能地向上游、下游拓展延伸——"向上"进入基础产业环节和研发环节，"向下"进入市场拓展环节。可见，产业链由于常被用于描述一个具有某种内在联系的企业群结构，其实质是不同产业的企业间的关联。其三，产业链空间分布的特点是，产业链的完整性与经济区划紧密相关，其层次性又与区域类型密不可分。基于各地域差异的产业链，会助推或引领该地域发挥比较优势。

从价值链看产业链，即完整的产业价值链既包括中游（中间市场）的加工制造环节，又包括上游（前市场）的研发设计环节、下游（后市场）的营销环节，以及围绕整个产业链的物流服务等服务环节、管理环节等。迈克尔·波特在其价值链分析模型中指出，每个企业都是进行种种活动的集合体，竞争优势来自整个产业链条；上游的研发、设计，中游的零件制造与组装，下游的广告、品牌、包装、促销、分销以及售后保证等诸多环节，这每一项活动都影响着企业的相对成本，为造就企业独特的形象奠定基础。

回到职教发展本身，在越来越强调职业教育社会服务功能的背景下，专

---

① 宁俊. 服装产业链理论与实践 [M]. 北京：中国纺织出版社，2007.

业的划分已越加依赖于产业的发展态势；而专业高度发展的结果即专业的分化和合并——如专业群的建设和重组，也越来越服从于并服务于产业之间的整合状态，且这种整合总是基于一定的地域状况和区域条件的。这就是说，在当今产业发展日益呈现出规模化特点、集群化特性、区域化特色的时代，作为教育与经济互动发展的典型代表——专业链与产业链，就天然地联系在一起；而"职业教育是教育中与经济成长联系最为紧密的部分"的表达本身，已内含了"产业—专业"双链接的广度和深度。

因此，面对全产业链建设产业学院，就将整个链上的企业以及链上企业所处的行业都涵盖进去了。从专业或专业群建设来讲，既然产业是一个纵深概念，那么跟踪、贴近或引领产业发展的专业（群）也应是一个纵深概念。通过与产业链建立紧密联系，专业（群）也与产业链背后的产业群建立了紧密联系。这使得奠基于专业（群）建设的产业学院建设，既有更宽的人才培养视野，又更贴近区域产业升级动态，更贴近市场需求，从而更专注地为区域发展服务。

因此，产业学院建设能够通过借力于产业链而充分整合链上的资源，从而集成基于这个产业链的各种办学资源。这就能够使原来校企间"点对点"或校行（业）间"点对面"或校块（块状经济）间"点对区块"的合作模式，扩充为一个市场导向的立体平台，从而大大拓展高职教育产业导向性建设乃至产教融合建设的空间。当然，建设空间的扩大本身就是要求的提高。产业学院建设要求学校引导和指导教师从全产业链来学习、掌握并传授全系列的知识和技能。

2.遵循推进时序建设产业学院

基于全产业链的产业学院建设理念和实践，要求高职院校要认真梳理产前产中产后、售前售中售后的产业链，分析和动态把握产业链的人才结构，以此作为建设这种链式产业学院的前提和基础。

据此，产业学院建设的推进时序是：从产业链中间市场出发，以此为基础，深化后市场，努力拓宽前市场。确立这种推进时序是鉴于高职院校学生在产业链市场的这种表现：他们在产业链的中间市场领域最为活跃，在产业链的后市场领域活跃于相对低端的部分，而在产业链的前市场领域则活动明显不足。因而高职院校建设产业学院，可以从学校（学生）最活跃或者最擅长的中间市场入手，以此向后市场深化、向前市场延伸，从而向整个产业链渗透。

（二）产业学院建设能够以 "产业学院—专业群—专业" 体系优化 "二级学院—专业（群）" 体系

高职院校推进产业学院建设，专业群建设是一项基础工程。因而如何进行专业建制，如何构建动态适应或引领市场变化的专业群至关重要。

高职院校先期的 "系—专业" 架构，是基于学科体系即根据学科知识系统化设置的，与岗位的直接对接度不高，进而对产业的反应度、配合度随之降低。为此，一些高职院校改这种 "系—专业" 体系为 "学院—专业（群）" 体系。这种从学系到学院的建制转变，似想淡化学科性影响，却强化了行政性影响。

学系作为高等学校中按学科所分的教学行政单位，是正式组织的一种设计，从而具有行政权。诞生于美国大学的学系，延续了德国大学 "讲座制" 的专业主义精神与知识分化逻辑。职业技能型的高职院校走另外一条路而 "扬弃" 学系，其方向是值得肯定的。问题在于，这个学校的二级组织——二级学院，其本身的定位和功能如何？如果这些二级学院冠以 "经济管理学院" "商学院" "工学院" 等名称，那么这种学院依然是学科性的——本身更是一个 "放大的" 学科。其结果是强化了 "中间层次" 的行政性功能，无形中还是弱化了二级组织的专业建设功能。

从专业建制角度看，这是从专业建设学科系（为主）建制到（二级）学院建制的改变。实践证明，（二级）学院建制即 "学校—二级学院—专业（群）" 体制对专业建设的弊端仍然明显。第一，二级学院俨然是学校 "事务性全权代表" 和 "派出机构"，无实质性专业建设自主权，因而无力、无心从事专业—产业整合工作。第二，强化了二级组织的学科性或 "本科性" 功能。二级学院一定意义上是本科学校学科性建设的翻版，这与职业教育及其专业的产业性建设本质相悖。第三，削弱了二级组织的专业建设能力。二级学院之下并无系——直接面对专业或专业群，这固然减少了层级组织，然而承担了更多非专业性功能或职能的二级学院，其行政性和综合性功能的强化，无意有意中屏蔽、淡化或弱化了其专业建设功能。正是如此，一级组织即学校使二级组织即二级学院"做实"而更具"产业性"的要求就无法实现。

变革这种建制不能回到学科系（为主）建制的老路，而要走产业学院建设的新路。在"产业学院—专业群—专业"体系下，产业学院建设遵循的是产业链及其岗位的体系，因而决定了其下的专业群建设直接面对的就是整个产业链（不再是单一的企业，并涵盖链上企业所属的行业）及其岗位体系。产业学院建设通过建立这种群群链式组合关系，集成了专业链与产业链、专业结构与产业结构、专业设置与就业市场的对接，更符合"三对接"或"五对接"的政策导向。

第三节　高职产业学院建设范例与样本

以上分析表明，一方面，要加强产业学院建设的理论研究，在"产业"语境下和"三大建设"内容框架下，研究技术技能人才成长规律和职教发展规律，研究产业学院集成优势和效应，研究专业群—产业群链式组合关系以及专业建制及其改革趋向等，为产业学院建设实践提供理论支撑；另一方面，还要研究产业学院建设的范例与样本城市、院校，形成可复制可推广的实践指导素材。

一、中山职业技术学院产业学院建设实践提供了学习借鉴范例

我国产业学院的前身是产业系，起于广东技工院校，后被高职院校借鉴并改造为产业学院。在这方面，中山职业技术学院走在了前面。

（一）产业学院是实现"专业—产业""人才—市场"无缝对接的重要载体

高职产业学院建设，广东又走在了前面。全国高职院校服务贡献 50 强、全国高职院校创新创业教育工作先进单位、黄炎培职业教育优秀学校奖获得者中山职业技术学院，紧贴中山产业结构特点，实施"一镇一品一专业"布局，通过建设与珠三角区域专业镇先进制造业、现代服务业、战略性新兴产业等对接的专业（群），实现"专业—产业""人才—市场"的无缝对接。

为此，学校通过与专业镇的深度产教融合，在古镇镇国家"火炬计划"照明器材生产基地成立古镇灯饰学院，在南区国家火炬计划电梯特色产业基地成立南区电梯学院，在沙溪镇中国休闲服装生产基地成立沙溪纺织服装学院，在小榄镇商贸物流园区成立小榄学院，在大涌镇中国红木产业之都成立红木家居学院。

（二）产业学院是校镇合作的实现形式

古镇灯饰学院、南区电梯学院、沙溪纺织服装学院、小榄学院、红木家居学院这些产业学院有如下四个特点。

第一，深耕中山市甚或珠三角地区的产业土壤，因而能够做到高职—职教服务"接地气"。位于我国沿海经济发达地区的中山市，是全国 5 个不设市辖区的地级市之一（另还有广东省东莞市、甘肃省嘉峪关市、海南省儋州市、海南省三沙市），专业镇经济发达。这种市镇经济较之乡镇经济具有明显不同的特点，通过学校所设的特色产业学院可见一斑。这些特色产业学院也是学校推进校镇合作即校区合作的具体承载形式。这与一些高职院校走出城区（由于历史的延续和城市资源聚集的天然优势，目前高职院校仍多设于城区），将办学触角延伸到县域而推进校县合作和校镇合作有较大的差异，表现为总体上为市镇职教与乡镇职教的差异，即为市区职教与乡镇职教的差异。第二，"定制性"很强，因而能够做到高职—职教服务精细。"量身定制"的这些产业学院，能够真切地以"专业—产业"双链接而实现"人才—市场"无缝对接。第三，动态跟踪当地产业发展变化，因而能够做到高职—职教服务紧密。其表现之一是，从 4 个产业学院扩充到 5 个，在大涌镇国家级红木产业基地成立红木家居产业学院。拥有"全国特色小镇""中国红木家具生产专业镇""中国红木雕刻艺术之乡""中国红木产业之都""中国红木产业集群名镇" 5 个国家级荣誉称号的大涌镇，是中山专业镇成长的一个缩影。红木家具作为中山的专业"一品"，从仿古明清家具到新古典、新中式风格家具，从立足本地到主动融入粤港澳大湾区，丰富的产业功能和层次造就了如今的成就。为此，成立红木家居产业学院当是顺时应势之举。第四，如此这般，因而能够做到高职—职教服务"精耕细作"，即学校以专业（群）为依托，精准并动态链接专业镇产业，实际上是链接地方产业集群，因为专业镇实为产业集群专业镇。

（三）产业学院成为新型生态关系构建的重要力量

这再次生动表明，对于如何与产业和市场相"勾连"，高职产业学院即职业技能型高校产业学院呈现的是一种"重即轻离"状态，这既不同于研究型高校产业学院的"重离轻即"状，也不同于应用型高校的"不即不离"状或"若即若离"状。这是因为高职教育是一种与区域经济成长联系最紧密从而最具"经济性"的教育。梳理和展望高职教育与区域经济关系的演化，高职教育对区域经济成长历经"被动适应→积极应对→主动引领"的渐次过程，由此产生"被动适应"式滞后效应、"积极应对"式同步效应和"主动引领"式超前效应。

"三式"效应表明：高职教育对区域经济成长的被动适应式关系阶段已成过去，积极应对式关系阶段已经或正在到来，主动引领式关系阶段正在或即将或终将到来。高职教育对区域经济成长"主动引领"，是高职教育与经济成长之间关系的最高境界，是高职教育与区域经济关系演化的理想追求或状态，也是高职教育借以实现持续发展的内在必然。

"三式"效应显现的是高职教育与当地经济与产业发展之间所构建的一种旧有的或新型的生态关系，旧有的生态关系形成的是"被动适应"式滞后效应，新型的生态关系形成的则是"积极应对"式同步效应或"主动引领"式超前效应;而产业学院以其地位、功能和作用而成为这种新型生态关系构建的重要一环,成为生成这种新态势的重要力量。

二、宁波提供了产业学院建设的浓缩样本

(一)选取宁波为典型样本是其产业发展和职业教育发展相得益彰的结果

选取宁波作为产业学院建设典型样本,其理由在于宁波在综合发展、经济建设、职教建设等方面的实力和影响力。

第一,宁波是行政级别较高和综合影响力较大的市。宁波为全国 15 个副省级市之一,全国 5 个计划单列市之一,是有制定地方性法规权限的较大的市,全国首批沿海开放城市,中国海滨城市,长三角五大区域中心城市之一,现代化国际港口城市,国家历史文化名城,全国文明城市,中国著名的院士之乡;宁波既有"书藏古今"的文脉,又有"港通天下"的胸怀。第二,宁波是全国经济强市。宁波是长三角南翼经济中心,浙江省经济中心。宁波的经济成就——特别是开放型经济、港口经济、民营经济、块状经济或产业集群经济发展成就,在全国占有一席之地。第三,宁波是职业教育发达市。宁波秉承"服务经济社会转型提升、实现职业教育自身转型提升"的发展思路,已经初步建成与经济社会发展基本适应、与产业发展基本衔接的服务型职业教育体系。[①]其侧面表现是:在全国率先出台职业教育校企合作地方性法规《宁波市职业教育校企合作促进条例》及其实施办法,并率先成立职业教育校企合作促进会,建立宁波市职业教育校企合作公共服务平台;在全国较早建立职业教育联席会议制度,已形成政府推进、学校主动、企业积极、社会参与、市场运作的办学制度——这种"人才共育、就业共担、资源共享"的校企合作人才培养模式被称为"宁波模式";2013 年经教育部批复成为国家职业教育与产业协同创新试验区。宁波的实践证明,职业教育的生命力在于

---

① 胡俊琴. "三性"视角下现代职业教育体系构建——以宁波为例 [J]. 职教通讯,2014(16).

服务地方经济建设，[①] 在于不断探索校企合作的新模式、新载体。

由此可见，职业教育与宁波经济和产业发展之间，正在构建一种新型生态关系；而兼具"高等性"的高职教育发展更能从层次和质量上代表宁波职业教育跟踪、贴近或引领产业发展的态势；产业学院则成为这种新型生态关系构建的重要力量。

（二）宁波产业学院建设的总体原则、甄选及其路径、方案设想

1. 产业学院建设要充分考虑学校的资源配置能力和资源跟进能力

从根本上讲，产业学院建设是高职院校甚或高职教育旧秩序被打破而新秩序被建立的过程，其目的是实现从学科型学院向产业型学院的转型，而转型的背后是高职院校组织结构的变革，是组织结构变革背后利益关系的重整。这就对高职院校的改革决心特别是资源配置能力提出了更高的要求。为使这项改革切实"落地"并使边际成本达到最小，从易到难，以点带面，稳步、审慎推进产业院系建设是理性的智慧选择。

这就要求学校要充分考虑其资源配置能力，并由此推进以产业院系建设为新抓手的综合改革。与学校资源配置能力紧密相连的是其资源跟进能力。实际上，为应对内外部需要，高职院校资源跟进能力是其资源配置能力的重要前提条件。就外部需要来看，学校要动态跟进或引领当地主导产业、优势产业、特色产业或成长性、趋势性产业的发展；就内部需要来看，学校要适时推进与产业学院建设相适应的综合改革。其实，"引领"也是一种跟进——一种更高形态、更高境界的"跟进"。

为此，产业学院建设的总原则是循序推进、动态跟进、生态构建。对于产业甄选和实施学校的产业学院甄选，要遵循"成熟一个，设置一个，建设一个，做好一个"的原则，选择产业相对成熟、示范和波及效应更明显的产业学院建设先行。

---

① 史望颖. 宁波职教改革力争"办好一个专业兴旺一个产业"[N]. 中国教育报，2014-06-28.

2. 产业学院建设的产业甄选和实施学校的产业学院甄选及其路径

关于产业甄选和与此相对应的产业院系甄选工作，原则上遵循推进时序，由粗到细设立，同时鉴于宁波先进制造业和现代服务业双轮驱动、"双引擎"建设的产业发展导向，先期试点的高职院校可先行设立先进制造业学院、现代服务业学院，或根据自身优势、宁波产业发展特点和趋向将其细化。

细化路径一，将"粗"产业——先进制造业和现代服务业本身细化：一是将其细化为与宁波成长性产业和新兴产业相适应的学院，如设立互联网金融学院，但结合宁波"港通天下"的特点，其设立可更有特色一些，细化成航运金融学院或海洋金融学院，另外，宁波是国家级的保险综合改革示范区，可率先试水建设保险学院；二是将其细化为与宁波传统优势产业改造提升相适应的学院，在此，学校基于宁波传统优势产业而设立的特色产业学院"色彩纷呈"，这正是产业学院建设深化、细化从而优化"三大建设"的生动体现，如设立汽车学院、模具学院或智能装备产业学院。

细化路径二，将"粗"产业按照产业链的环节进行细化，如设立工业设计学院等，然后在这些学院之下划分若干专业群及其专业，以此形成与宁波区域经济和产业转型发展匹配程度高、结构合理、错位发展、特色鲜明的产业学院建设新格局。

表 3-1 是根据在甬五所高职院校的专业依托和整合基础，根据宁波产业发展条件提出的优势或特色产业学院建设的试点设想。需说明的是，由于历史的原因，宁波传统产业占比仍然相当大，或者说，成长性产业和新兴产业发展仍显滞后，表 3-1 正是这一产业发展现状的反映。

表 3-1　宁波高职院校产业学院及其专业（群）建设试点设想

学　校	拟试点的优势（特色）产业学院	拟被整合的专业（群）	试点理由
宁波职业技术学院	化工产业学院	应用化工技术、工业环保与安全技术、生物技术及应用及其相关专业（群）	产业条件：宁波是我国重要的重化工业基地和服务外包基地 专业依托和整合基础："背靠"宁波经济技术开发区、保税区、大榭开发区、出口加工区、北仑港区进行的专业建设有优势和特色；依托临港工业（区），"化工"专业优势和特色凸显；服务外包学院建设已有一定基础，具备专业—产业整合条件
	服务外包学院	工业设计、动漫设计与制作、乐器制造技术及其相关专业（群）	
浙江工商职业技术学院	装备制造产业学院	产品设计、工业造型设计、数控技术、模具设计与制造、机电一体化技术、计算机辅助设计与制造及其相关专业（群）	产业条件：宁波是我国重要的机电制造业基地 专业依托和整合基础：通过对接于宁海模具业等装备制造产业集聚区的产学研基地建设，"装备"专业建设具备产业整合条件
浙江纺织服装职业技术学院	纺织学院	现代纺织技术、艺术设计、纺织品检验与贸易、精细化学品生产技术、染整技术、现代纺织技术、纺织品装饰艺术设计及其相关专业（群）	产业条件：宁波是我国重要的服装制造业基地 专业依托和整合基础："纺织服装"定位契合宁波传统优势产业，其本身就是建设的优势和特色；"轨道交通"相关专业建设顺应宁波城市发展之需，专业产业性建设基础扎实
	轨道交通学院	机电一体化技术及其城市轨道交通机电自动化方向和运营管理方向、数控技术、应用电子技术及其相关专业（群）	
宁波城市职业技术学院	城市园林产业学院	园林工程技术、宁波生态园林城市创意与建设、园艺技术及其相关专业（群）	产业条件：宁波是中国最具幸福感城市、全国文明城市、国家环保模范城市、国家低碳城市试点、国家园林城市、中国优秀旅游城市等 专业依托和整合基础："城市"的定位切合宁波城市产业发展需要，相关专业的产业建设条件成熟
	旅游产业学院	旅游管理、旅游管理与服务、酒店管理、导游及其相关专业（群）	
宁波卫生职业技术学院	健康产业学院	护理、口腔医学技术、康复治疗技术、医学营养、医疗美容技术、卫生信息管理、公共卫生管理及其相关专业（群）	产业条件：宁波正大力发展健康服务业，建设健康城市 专业依托和整合基础："卫生"定位顺应了宁波健康产业快速发展趋势，专业—产业链式发展趋于成熟

至于产业学院的具体建设模式，可以按需按条件选择。由于产业学院是一种基于产业链接的共同体，选择混合所有制产业结构，以 PPP 模式推进，是一种较优选择。高职院校推进 PPP 模式建设，其本质是要引入以 "私" 方为代表的社会资本等社会力量和社会资源，通过 "政校企社（社会力量）用" 协同而实现 "四个合作"，进而在创新高职教育建设模式和办学机制中提升其管理水平和综合实力。为此，找寻这种合适的建设载体就起到基础性的保障作用。因为这需要政府、职业院校、行业企业等通过以资本为纽带，以产权分配、股权结构为指导，构建多元主体的 "校企发展命运共同体"。[①] 这个校企发展命运共同体的代表就是产业学院。

---

① 周桂瑾，俞林，顾惠明．职业院校混合所有制办学现实困境、改革路径及现代治理研究 [J]．职业技术教育，2018（36）．

第四章

高职领域 PPP 模式进入机制运行：识别与设计

CHAPTER 4

面对打造"人类命运共同体"的愿景和全球价值链治理的挤压，现代职业学校与企业的关系模式，会随着企业主体性作用凸显而引发的"变革式或颠覆性合作"发生深刻变革，由此将深刻影响职教生态以至社会生态——包括催生新的合作建设模式，这正可将被赋予治理重任的 PPP 模式融入其中。

在这个新的"战略拐点期"，高职教育作为高素质技术技能人力资本供给的重要途径、PPP 模式作为公共服务供给的创新途径，"两大途径"有效对接成就的高职领域 PPP 模式，以破解"两端"及其贯通问题（"前端"进入问题和"后端"退出问题）为突破口，将成为"学校—企业—政府—社会"新型关系构建的重要"推进器"。

"两端"及其贯通建设继而打造高职领域 PPP 生态圈，是以有职教特色且适用为基本原则和根本要求的。"有职教特色"彰显的是"要解决普适性有余而职教性不足"的诉求；"适用"则是"有职教特色"的具体延伸。本章从前端通道建设开始，以高职领域 PPP 模式进入机制运行及其治理建设为切口，来切入高职院校与合作企业及其背后的政府、与社会的新型关系构建，助推"学校—企业—政府—社会"良性治理架构的形成。

第一节　高职领域 PPP 模式机制运行的前提

在具体分析高职领域 PPP 模式识别机制运行问题之前，有必要将"公"方和"私"方予以明确界定，这也便于后续对其他机制的分析。这表明，"公"方、"私"方界定是高职领域 PPP 模式机制运行的前提。

一、"公"方为高职院校及其背后的地方政府

PPP 模式中的"公"方泛指公共部门，但在不同的语境下，具体所指会有不同。

（一）解析"公"方不可不"带上"地方政府

高职领域 PPP 模式中的"公"方即公共部门，为公办高职院校及其背后的政府。鉴于其在全部高职院校中占有高达 70% 以上的比例，以及我国公有制经济的属性，公办高职院校可以"默认"为高职院校；当然为强调其公办性，也不妨全称之。由于高职院校多为地域性办学高校，这里的政府通常为地方政府，地方政府的代表是其职能部门；另外，即使是地方行业以及地方国企所办的高职院校，这些公办高职院校也会有地方政府的"影子"。在我国社会管理体制下，高职院校作为公办事业单位，都有相应的政府主管部门，由主管部门对隶属的高职院校通过行政隶属关系实施行政管理。[①]

因而实际上可以认为，"公"方为高职院校及其背后的地方政府。高职院校之所以与地方政府或者与政府如此"形影不离"，全在于高职院校的国有资本产权属性。

（二）"公"方所指背后折射出政策把控和实践实施的纷繁复杂性

需要指出的是，尽管在高职领域 PPP 模式推进过程中的每一个重要或重大阶段，无论如何也离不开当地政府的支持，可以说没有当地政府的支持，

---

① 汤敏骞. 高职院校办学的隶属关系因素研究 [J]. 教育与职业，2017（6）.

高职领域 PPP 模式的推进寸步难行，然而背后仍有纷繁复杂的问题。

第一，公办高职院校是直接、现实、典型地代表着"公"方的，但出面者未必是真正的决策者或最后的决策者；第二，除了政策规制、行政约束、纪律警示等手段进行支持或者干涉外，当地政府时常以"换脸"的方式直接进入高职 PPP 项目建设中；第三，当然，为了全面、深入分析"公"方的产权结构，在分析股东认定问题等产权架构问题时，在"公"方中"添加"地方政府也是很有必要的。

二、"私"方所指体现了中国特色

高职领域 PPP 模式中的"私"方所指要复杂很多，这也体现了中国特色。"私"方即私人部门，其具体所指有依"公"方的政策偏好和利益诉求不同的差异性和复杂性，同时也顾及了实际推进的现实。

（一）"私"方所指有"三口径"之分

"私"方所指有小口径、中口径和大口径之分。小口径指的是私企。中口径除涵盖小口径之外，还包括外企、集体企业甚至扩及非地方政府辖区内的国企。依此，中口径的"私"方统指为社会资本。大口径除涵盖中口径之外，还包括非政府、非企业的社会性组织。依此，大口径的"私"方统指为社会力量。

由此可见，第一，在"私"方被官方"放大"到社会资本后，"私"方便包括各所有制企业，即中国运营环境下的"私"方已从私企扩展到包括国企（及至地方政府的融资平台）、集体企业在内的公有制企业甚至外企；当然，具有原初意义因而具有典型意义的私企仍然应该是"私"方的主要指向。第二，需要特别强调的是，鉴于高职领域 PPP 模式建设主推者之一——高职院校的"学校"身份，"私"方还可包括"私"校，指那些有资本实力的、境内各类（应用型的或职业性的、非应用型的并且非职业性的）各级（高等的、非高等的）民办学校，甚至也可包括"外"校——中外合作学校。

"私"方这种所指表明，"各所有制企业"终归是企业，而公办高职院校看中的正是企业这种运行机制，尽管不同所有制企业的效率有差异；是"私"

校甚或"外"校而非各所有制学校，表明公办高职院校看中的正是民办办学机制甚或中外合作办学机制，换言之，"公办高职院校 + 公办学校"的 PPP 模式建设并无实质性意义，因为既无"私"校或"外"校，又无企业参与的合作建设，既有"近亲繁殖"之嫌——在"公校"两字内兜圈子，又未能引入市场机制——在"校"字内兜圈子。"私"方扩展到"私"校甚至"外"校，顺应了高职领域 PPP 模式建设的需要，这一外延的扩展，有利于公办高职院校扩大 PPP 项目合作对象的搜索半径。

本书的"私"方以小口径为典型，以中口径为主体，以体现 PPP 被冠以"政府和社会资本合作"称谓的中国特色，并扩及大口径，以迎合《指导意见》的政策诉求，试图动员包括社会资本在内的社会力量积极投身职教建设。这种"中学为体，西学为用"的安排，正是将 PPP 模式不仅作为投融资机制，更作为经济转型机制和"学校—企业—政府—社会"治理机制创新建设重要工具的体现。

（二）私企是"私"方的经典所指

"私"方的小口径指向私企，一方面，这是回归"私"方的典型所指和原本之义，是为了再现 PPP 模式的"原汁原味"。另一方面，这也是鉴于高职领域 PPP 项目引入的私企，其经济利益性诉求以及技术创新、管理创新诉求更为强烈的现实；又由于这一引入过程的博弈又更为复杂，因而引入的这一主体更契合"私"方的经典含义。

由此，高职领域 PPP 模式及其机制运行中的"主体性引入"问题，以私企为代表的企业主体引入的分析，较泛义的社会资本或社会力量主体引入的分析，更具有经典意义；而这一经典意义所昭示的深刻内涵是：从私企引入出发而引发的公办高职院校等公办社会组织、经济组织的治理结构的完善建设，正是社会治理体制创新建设的"涟漪效应"和"撬动效应"发生的起点。

综合以上分析，可以将"私"方统一指称为"私企等主体"，即以私企为典型代表的社会资本或社会力量。当然，为与"公"方所称相对，直接称"私"方亦可。

三、"公"方和"私"方共同作用于高职领域 PPP 模式机制运行

高职领域 PPP 模式运行，其本质是以高职院校为代表的"公"方，要引入以"私"方为代表的社会资本等社会力量和社会资源，通过校企合作和由此带来的"政校企社（社会力量）用"协同而实现"四个合作"，进而在创新高职教育建设模式和办学机制中，提升其管理水平和综合实力，并以此成为推动社会治理和政府管治变革的切入口。

在此，只有"公"方和"私"方——公办高职院校所在地政府辖区内的各所有制类型的企业，以及一些拥有资本的非政府组织和非国有的各类各层级学校，它们共同作用于进入阶段的高职领域 PPP 模式识别机制、高职领域 PPP 模式产权设计和治理机制，共同作用于过程阶段的高职领域 PPP 模式风险分摊和处置机制及其高职领域 PPP 模式投入分解机制、高职领域 PPP 模式收益机制，以及该阶段的高职领域 PPP 模式过程调适和监管机制，并共同作用于退出阶段的高职领域 PPP 模式后期保障机制，才能保证高职领域 PPP 模式机制运行的健康、持续。

第二节　高职领域 PPP 模式识别机制运行

高职领域 PPP 模式识别机制是由第一层次机制高职领域 PPP 模式进入机制分解而来，也是高职领域 PPP 模式机制体系中第二层次机制的第一个机制。因此，该机制运行的导入性最强。

一、高职领域 PPP 模式识别机制运行是搜寻、筛选和确认过程的统一

高职领域 PPP 模式识别机制运行的中心议题是高职领域 PPP 项目合作伙伴选择问题，如果以产业学院建设项目为载体，则是高职产业学院 PPP 项目的合作伙伴选择问题。换个角度来看，高职领域 PPP 模式识别机制运行问题，实为高职领域 PPP 模式及其机制运行中"私"方等主体的进入门槛问题。

（一）合作伙伴选择过程是"搜寻→筛选→确认"的循序转化

正如对于人和事物的识别，通常需要经过搜寻、筛选和确认过程一样，高职领域 PPP 模式识别机制运行，也要历经搜寻、筛选和确认的过程。

首先是要搜寻，即找到几个或多个意向合作对象。在本环节可能会出现意向合作者只有一个的特例，这样筛选过程和确认过程就是同一过程。当然，实际工作中，寄希望于不出现这种特别的情况。然后是要筛选，即以意向合作对象为样本，对其进行甄别分析、鉴别比较。本环节作为中间环节，是联通搜寻环节和确认环节的节点，因而评价建设至关重要。最后是要确认，即将意向合作对象角色转换为合作对象，此时合作伙伴选择过程才得以结束。

由此可见，高职产业学院 PPP 项目等高职 PPP 项目建设的合作伙伴选择过程，是从搜寻到筛选再到确认的有序有效转化，这种转化就是搜寻、筛选和确认"三过程"统一于识别性安排的过程，也就是说，"三过程"统一于高职领域 PPP 模式识别机制的运行过程。

（二）合作伙伴选择过程是双向选择过程

合作伙伴选择固然是"公"方在选择意向合作者，但同时也是意向合作者在选择"公"方，这种选择同样有一个从搜寻到筛选到确认的过程。这种双向选择给"公"方的醒示是：换位思考不失为一种务实而有效的做法。

双向选择过程及其换位思考引发的另一个必须足够关注的问题是：选择既是对人的"搜寻→筛选→确认"，同时也是对物即项目的"搜寻→筛选→确认"。因此，高职领域 PPP 模式识别机制建设及其合作伙伴选择过程，也是人与物（项目）交互作用的过程，而终归是人与人之间交互确认的过程，因为物或项目的背后还是人。

由此"附带"出一个问题，即项目建设的称谓。其实，在项目确定采用 PPP 模式建设之前，还不能明确称之为"高职领域 PPP 项目"或"高职产业学院 PPP 项目"，而应称之为"拟采用 PPP 模式建设的高职项目"，简称为"预高职 PPP 项目"，或"拟采用 PPP 模式建设的高职产业学院项目"，简称为"预高职产业学院 PPP 项目"。

还需说明的是，鉴于是高职领域的相关建设，为了避免重复，通常从"公"方角度展开分析。

二、搜寻过程：启动性安排的过程

显然，如果没有关于高职领域 PPP 模式机制运行的启动性制度安排，就没有后续的一切安排。高职领域 PPP 模式机制运行，首先当然是高职领域 PPP 模式进入机制运行，而高职领域 PPP 模式进入机制运行，又首先是搜寻过程的启动，搜寻安排是启动性安排的起点，或者说，搜寻过程本身就是一种居于"最前端"的启动性、形成性安排的过程。

（一）搜寻要适时应对成本的边际变化

由于信息分布的离散性，"公"方需要对意向合作者进行搜寻，搜寻过程便是"公"方寻找意向合作者的过程。

这种搜寻可以分为固定样本搜寻和连续搜寻。"公"方若预先选定几个意向合作者，以寻找其中的合意合作者，这种搜寻即为固定样本搜寻。"公"方若连续不断地搜寻，直到找到可以接受的合意合作者（当然也包括最终放弃搜寻），这种搜寻即为连续搜寻。由于搜寻是"公"方将样本空间中的意向合作者转变为选择空间中的意向合作者的活动，因而搜寻是有成本的。一些学者发现高校与企业之间的距离与校企合作程度、频率正相关，即合作呈现出区域性特点，它说明合作中存在一定的交易成本。[1] 如此，要检视搜寻次数增加所带来的搜寻成本的边际变化。

（二）搜寻也是预高职 PPP 项目或预高职产业学院 PPP 项目的推介

1.搜寻过程中成本、属性、位置、状态等一样不能少

在搜寻过程中，"公"方的搜寻成效，不仅取决于边际搜寻成本，也取决

---

[1]　刘克寅，宣勇. 高校与企业开展合作创新的匹配规律及对策研究 [J]. 高等工程教育研究，2014（4）.

于预高职 PPP 项目的属性和优劣性、"公"方所处的位置和实际的态度，以及双方对于目标和能力的调适状态。

该项目的属性和优劣性一方面决定于项目本身的"质地"，另一方面也体现在对该项目的"推销"上；特别是，若将预高职 PPP 项目锁定于产业学院建设项目，需要对预高职产业学院 PPP 项目的属性和优劣性，向意向合作者等"路演"，如同证券承销机构向定向投资者路演拟上市公司一样。由此看来，预高职 PPP 项目或预高职产业学院 PPP 项目的推介，就成为一件具有重要影响的工作。

2. 项目推介正是"公"方再学习或接受考验的过程

预高职 PPP 项目或预高职产业学院 PPP 项目的推介——其实包括其他实操性或实业性的项目推介，这对"公"方来说是一个考验，也是其获得再学习机会或接受再学习考验的过程。高职院校工作人员尤其是教师，其直接面对市场的能力，固然一般来说要强于其他类型高校的工作人员，这是由高职院校本身的定位性质所决定的，高职院校教师如果没有应对市场的知识和技能，培养市场第一线的高素质技术技能人才，只是一句"写在纸面上的话"。这是问题的一个方面。另一方面则是，高职院校工作人员毕竟身处学校这样教书育人的组织，身处与市场有"一墙之隔"的教育领域，"教书育人"和"做生意赚钱"毕竟是两个不同的行当。为此，高职院校工作人员要推介这种内涵丰富、专业性强、涉及面广、技术难度大的项目，就要勇敢、理性、智慧地面对市场、对接市场，由此与意向合作者进行有诚意、显信心、展实力的建设性对话。

"公"方这种进取的态度，在获取新能力、不断矫正自身角色的同时，也在感染着意向合作者，使得双方能够愉快、平和地坐在谈判桌前。

三、筛选过程：评价性安排的过程

在初选几个或若干个意向合作者之后，接下来的环节就是筛选。筛选过程是"公"方对多个或众多意向合作者进行甄别、比较、挑选的过程。

（一）物有所值评价和财政承受力评价是"两大门槛"

筛选过程的中心议题是要解决预高职 PPP 项目或预高职产业学院 PPP 项目的评价问题。基本的评价方式有物有所值评价和财政承受力评价两种。

两大评价方法实际是"两大门槛"，意味着只有在预高职 PPP 项目或预高职产业学院 PPP 项目建设，能够比传统模式更有效、更经济的情况下才可以实施，才可以正式转换为高职 PPP 项目或高职产业学院 PPP 项目，同时意在为地方政府预算形成相应的约束。

在此要注意的是：第一，"更有效"体现了物有所值评价的核心要求，并且是"更有效"而不是"更高效"，其寓意就是，不能仅关注效率，更要注重效率与公平关系的调处；第二，"更经济"体现了财政承受力评价的核心要求。

需要特别强调的是，"公"方自身不能进行评价，当然也不接受意向合作者的评价，应将预高职 PPP 项目或预高职产业学院 PPP 项目提交专门机构来评价，该专门机构是"公"方和意向合作者一方之外独立的第三方，以保证评价的公正性。

（二）物有所值评价：解决该项目"该不该做"的问题

1. 物有所值评价要求共性与个性兼备

物有所值 (value for money，VFM) 是指一个组织运用其可利用资源所能获得的长期最大利益。物有所值评价是国际上普遍采用的一种对于公共产品服务提供是否可以由政府传统模式改为 PPP 模式的评估体系，旨在实现公共资源配置利用效率的最优化。物有所值评价作为一种评价方法，用于比较一个项目采用 PPP 模式和政府传统模式的优劣，其考虑的是项目全生命周期内不同方案的成本和风险。

在高职领域 PPP 模式建设中推行物有所值评价方法，既要遵循物有所值评价固有的运作规程，又要顾及高职领域自身的特定性要求。因此，预高职 PPP 项目或预高职产业学院 PPP 项目的物有所值评价，是评估原本由政府提供高职—职教公共服务而改用 PPP 模式提供的可行性，物有所值是指"公"方或意向合作者一方运用其资源所获得的最大期望利益。

2. 物有所值评价兼具替代性评价和约束性评价特性

首先，物有所值评价是一种替代性评价。其表现是：物有所值评价是一种判断公共服务项目的供给建设，是否采用 PPP 模式而能够代替传统模式的评价方法。这里的公共服务项目为高职—职教公共服务项目，具体是以预高职 PPP 项目或预高职产业学院 PPP 项目为代表。替代性评价实为一种原则性评价。

其次，物有所值评价也是一种约束性评价或条件性评价。其表现是：物有所值评价结论为"通过"的预高职 PPP 项目或预高职产业学院 PPP 项目，才可以进行财政承受能力评价；"未通过"的该类项目在调整方案重新评价"通过"后，方可进行财政承受能力评价；若仍然"未通过"，下一步评价财政承受能力评价就中止了，这意味着该项目的所谓 PPP 模式运作会夭折。约束性评价或条件性评价实为一种阶段性评价。

3. 物有所值评价要定性评价和定量评价双管齐下

预高职 PPP 项目或预高职产业学院 PPP 项目的物有所值评价，由于要考虑该项目在全生命周期内不同方案的成本和风险及其背后的社会效益和经济效益的平衡，其具体评价方法应该定量评价和定性评价并举。当然，考虑到定量评价和定性评价实施的成熟性，可以先以定性评价为主而辅之以定量评价，待时机成熟后再实行两种评价并举或过渡到以定量评价为主。

（1）定性评价是可行性、合理性、可完成性评价

定性评价包括该项目的全生命周期整合程度评价、风险识别与分配评价、绩效导向与鼓励创新评价、潜在竞争程度评价、政府机构能力评价、可融资性评价。

全生命周期整合程度评价主要考核在该项目全生命周期内，项目设计、投融资、建造、运营和维护等环节能否实现长期、充分整合。对于外延式预高职 PPP 项目或预高职产业学院 PPP 项目，以及内涵式预高职 PPP 项目或

预高职产业学院 PPP 项目来讲，由于项目性质有别，项目设计、投融资、建造、运营和维护等环节的建设与管理任务也必有不同，在具体评价上应区别对待，要考虑从哪种类型项目切入。如果预高职 PPP 项目或预高职产业学院 PPP 项目以内涵式方式切入，由于建设内容更有"职教性"，建设任务多为非融资性的，建设手法相对简单，建设周期相对较短；如果预高职 PPP 项目或预高职产业学院 PPP 项目以外延式方式切入，由于"建设性"强、融资任务重、运作和操作手法繁杂等原因，建设周期会大大拉长，因为基本建设、固定资产投资的融资偿还期往往较长，依此，两种方式全生命周期整合程度评价主要考核点是有较大区别的。

风险识别与分配评价主要考核在该项目全生命周期内，各风险因素是否得到充分识别并在"公"方和意向合作者一方之间进行合理分配。绩效导向与鼓励创新评价主要考核该项目是否建立以高职—职教服务供给数量、质量和效率为导向的绩效标准和监管机制，是否鼓励在运作方式上的创新。本评价要注重"公"方关注的社会效益与意向合作者关注的经济效益之间的协调。潜在竞争程度评价主要考核该项目内容对意向合作者参与竞争的吸引力。政府机构能力评价主要考核"公"方背后的政府在转变职能、优化服务、依法履约、行政监管和项目执行管理等方面的态度和能力。可融资性评价主要考核该项目的市场融资能力。

将上述六大定性评价进行归纳，不难发现定性分析侧重于考察预高职 PPP 项目或预高职产业学院 PPP 项目的潜在发展能力、可能实现的期望值以及项目的可完成能力，重点关注该项目模式与采用传统的高职—职教服务政府供给模式相比，能否在确保高素质技术技能人才培养根本目标实现的前提下，优化风险分配、提高运营效率、促进创新等。传统上由政府提供的公共产品服务模式，有直接运营方式与采购方式两种，尽管政府采购方式较政府直接运营方式朝前走了一大步，但离具有物有所值意义的 PPP 模式仍有较大的差距。

（2）定量评价是公共部门比较值的评价

定量评价主要通过对预高职 PPP 项目或预高职产业学院 PPP 项目全生命周期内政府支出成本现值与公共部门比较值进行比较，计算该项目的物有所值量值，判断采取 PPP 模式是否降低该项目全生命周期成本。它是通过对该项目全生命周期内政府方净成本的现值（PPP 值）与公共部门比较值（Public Sector Comparator，PSC 值，即同样项目如果运用政府投资模式的成本或单价）进行比较，判断 PPP 模式能否降低项目全生命周期成本。[①] 如果采取 PPP 模式成本更低，则原则上通过论证。通俗而言，就是在同样的合作期限内，在提供的高职—职教服务质量同样的情况下，确定运用 PPP 模式时的成本特别是单价是否比采用政府"直供"模式时低？

因此，定量评价可作为该项目全生命周期内风险分配、成本测算和数据收集的重要手段，以及该项目决策和绩效评价的参考依据。

问题的困难点在于，由于诸多子因素难以界定，公共部门比较值难以确认。一是公共部门具体所指是什么，是笼统的公共部门，即一般性的公共部门，还是具体的公共部门，比如教育部门或职教部门等，这些难以确定；二是该部门的比较值即计算参数难以确定，目前还缺乏充足的数据积累，难以形成成熟的计量模型，定量评价仍然处于探索阶段。鉴于此，对预高职 PPP 项目或预高职产业学院 PPP 项目的物有所值评价，定量评价目前仍是辅助性评价。

（三）财政承受力评价：解决该项目"能不能做"的问题

财政承受力评价是识别、测算预高职 PPP 项目或预高职产业学院 PPP 项目的各项财政支出责任的评价，评估该项目的实施对当地财政支出的影响，旨在督促当地政府履行合同义务，防范和控制财政风险。

这里的财政支出责任评价，是基于预高职 PPP 项目或预高职产业学院 PPP 项目全生命周期过程的，主要包括股权投资支出责任评价、运营补贴支出责任评价、风险承担支出责任评价和配套投入支出责任评价。

---

① 王守清. PPP 为何要强调物有所值？[N]. 中国财经报，2016-03-31.

1. 股权投资支出责任评价的关键是 SPV 的股权结构设计

股权投资支出责任评价是指在"公"方和意向合作者一方共同组建项目公司的情况下，考核当地政府承担的股权投资支出责任。项目公司一般以 SPV 的面貌出现。股权投资支出应当依据该项目资本金要求以及项目公司 SPV 的股权结构合理确定。

项目资本金是指在预高职 PPP 项目或预高职产业学院 PPP 项目总投资中，由"公"方和意向合作者一方认缴的出资额，为非债务性资金，投资方可按其出资比例依法享有所有者权益，但不能借故抽回。由此可见，项目资本金要求是对"公"方和意向合作者一方的硬性约束。关于 SPV 的股权结构将在本章第三节专门谈及。

2. 运营补贴支出责任评价要"跟随"项目的付费模式

运营补贴支出责任评价是指在该项目运营期间，考核政府承担的直接付费责任。这就涉及 PPP 项目付费模式问题。

PPP 项目的付费模式有政府付费模式、使用者付费模式、可行性缺口补助模式三种。在不同的付费模式下，政府承担的运营补贴支出责任是不同的。政府付费模式是指政府直接付费购买公共产品和服务，通常用于不直接向最终用户提供服务的终端型基础设施和公用事业项目，如市政污水处理、垃圾焚烧发电、水源净化项目，或市政道路项目等不具备收益性的项目。使用者付费是指由最终消费用户直接付费购买公共产品和服务，通常用于可经营系数较高、财务效益良好、直接向最终用户提供服务的基础设施和公用事业项目，如市政供水、城市管道燃气、高速公路等项目。可行性缺口补助模式即政府对运营商实施补贴，通常用于可经营性系数较低、财务效益欠佳、直接向最终用户提供服务但收费无法覆盖投资和运营回报的项目，如医院、学校、文化及体育场馆、保障房等项目。该模式是在政府付费机制与使用者付费机制之外的一种折衷选择。我国可行性缺口补助的形式，有土地划拨、投资入股、投资补助、优惠贷款、贷款贴息、放弃分红权、授予项目相关开发收益权等。一般财政承受能力评价所对应的 PPP 项目为政府付费项目和可行性缺口补助类项目,因为使用者付费项目一般无涉财政投入。

由于高职—职教服务产品的准公共产品性质,高职—职教服务产品的供给宜遵循政府和市场分担的原则,因此预高职 PPP 项目或预高职产业学院 PPP 项目将会采取政府付费模式或可行性缺口补助模式运作。待预高职 PPP 项目或预高职产业学院 PPP 项目转换成高职 PPP 项目或高职产业学院 PPP 项目之后,其具体的付费模式则取决于各主要利益方的博弈。为此,运营补贴支出责任主要表现为,若采用前一付费模式,政府承担全部运营补贴支出责任;若采用后一付费模式,政府承担部分运营补贴支出责任。这是高职 PPP 项目或高职产业学院 PPP 项目作为"硬社会"领域中的教育领域及其职教领域 PPP 项目的特点所在。

3. 风险承担支出责任评价考核的是当地政府或可承担的风险

风险承担支出责任评价是指在该项目实施方案设计中,考核当地政府或可承担的风险以及因政府方原因导致项目合同终止等突发情况的责任。

要明确当地政府或可承担的风险,必须先厘清有哪些风险,以及各主要相关利益方的风险责任,最后再具体落实到当地政府应承担的相应责任。

无论是预高职 PPP 项目或预高职产业学院 PPP 项目,还是该项目"转正"后的高职 PPP 项目或高职产业学院 PPP 项目,项目风险分担原则主要包括对称性原则、最优性原则、上限性原则以及动态性原则。项目风险分担对称性原则是指当以"公"方和意向合作者一方为代表的相关利益方中的一方,有义务去承担风险损失时,必然有权利要求风险变化带来的经济收益,即该方承担的风险量应当与其所取得的收益相匹配。项目风险分担最优性原则是指"公"方和意向合作者一方等分担主体之间,要实现风险承担量的最优分配,即若该主体处于最有利控制地位又能以最低成本控制该风险,则风险应分配给该主体。项目风险分担上限性原则是指在项目运营时,当出现风险所引起的损失比预估要大很多,决不能让以"公"方或意向合作者方中的一方单独承担这个风险,否则必将影响该方管理项目的积极性,必然会降低提供高职—职教服务的效率,直至项目建设失败。项目风险分担动态性原则是指从该项目的全寿命周期角度出发，"公"方和意向合作者一方等基于项目整体利益考虑，而随着项目的进展，当内外部条件发生变化时，通过重新谈判来调整风险分担，重新确定风险分担格局。这是因为 PPP 特许权协议是具有不完全合同性质的，在合同谈判时，"公"方和意向合作者一方等不能识别所有项目风险，需要签订重新谈判的条款来调整项目风险的分担，协同解决风险。

回到"公"方本身来看，首先，"公"方的"面貌"是高职院校，即高职院校是"公"方的首先和直接的代表，但实际上并非是其最终代表和有实质性话语权的代表，因为主管部门对所隶属高职院校的机构设置、经费拨付、干部任免等事项具有行政审批权力。[①] 也就是说，高职院校背后的当地政府掌管着其"生杀"大权。在中国现有的体制下，任何公办高职院校是不可能罔顾这一现实的。由此，在项目建设中，当地政府承担的风险应当与其责任是匹配的，当然收益是以该项目建设所凸显的政绩。

因此，首先，当地政府承担的风险是政策风险，因为其既是"上面"政策的权威诠释者和执行者，也是地方政策的制定者和执行者；其次，当地政府承担的风险是法律风险，这一风险其实与前一风险的承担直接相关；最后，当地政府承担的风险是最低需求风险，这是一种"兜底"风险。之所以让当地政府来"兜底"，原因在于，一是当地政府是维护地方稳定的最重要和最主要力量，二是在我国社会建设仍然相对滞后，社会力量依然羸弱的情势下，由当地政府来承担最后的责任似是顺理成章的事情，这也是当地政府权力过大以致背负越大而必然付出的代价。

4. 配套投入支出责任评价考核的是当地政府的配套性责任

配套投入支出责任评价是指当地政府提供的项目配套工程等其他投入责任，考核的是当地政府的项目配套性举措。

在股权投资支出责任评价解决 SPV 的股权结构设计，包括当地政府在其

---

① 汤敏骞. 高职院校办学的隶属关系因素研究 [J]. 教育与职业，2017（6）.

中"量化"身份之后，在运营补贴支出责任评价解决当地政府关于该项目的全部付费或部分付费责任后，在风险承担支出责任评价解决当地政府或可承担的风险之后，最后如果有一个追加性的、补充性的评价，就能使该项目建设得有更稳健的保障。这是一种"底气"，来自当地政府的"底气"，这种"底气"实质上是当地政府必然付出代价的另一种具体表现形式。

为此，配套投入支出责任评价通常包括土地征收和整理、建设部分项目配套措施、完成项目与现有相关基础设施和公用事业的对接、投资补助、贷款贴息等评价。配套投入支出评价应依据该项目实施方案合理确定。

四、确认过程：角色转换安排的过程

（一）确认的总原则和基本原则

确认过程是"公"方以合约方式，将最合意或相对合意的合作者完成向事实合作者角色转变的过程，这一角色的转变过程即为事实合作者的身份被确认为"私"方的过程。这一过程完成，则预高职 PPP 项目和预高职产业学院 PPP 项目双双摘掉"预"字，由此开启了高职领域 PPP 模式机制建设或以产业学院为载体的高职领域 PPP 模式机制建设的下一个征程，即产权设计和治理机制建设。

确认要把握的总原则是：在搜寻、筛选环节之后，"公"方要确认的是合法合规并且有实力、有诚意的合作者。

确认要把握的基本原则是：在符合上述总原则的前提下，一是在企业与学校的确认上，要先企业后学校；二是在企业所有制性质的确认上，要先私有（民营）后国有（公有）；三是如果只有学校能够被确认，公办学校不予考虑。确认的基本原则归纳起来就是：各所有制企业尤其是私企（民企）最优；民办学校尤其是民办高校次优。

（二）总原则和基本原则的背后是经济成长的"进化"

这里要特别说明一个情况，即现有企业较复杂的所有制状态。在以公有制经济为主体、其他所有制经济共同发展的制度框架下，目前公有制经济尤其是国有经济的所有制状态，表现为多样化的局面。

这要从对以企业为代表的国有经济的历史演变的追溯开始。新中国成立以来，"全民所有制企业→国有企业→国有及国有控股企业→国有控股的混合所有制企业"的演变历程，折射出的是从单一的经济成分到多元的经济成分的渐次变化；这种变化的背后是资源配置市场化程度的逐步提高，是经济成长张扬的更大活力；这种变化也必然会波及、渗透到社会领域，教育领域尤其是与经济成长联系更为紧密的职教领域及其高职领域更不例外，从而也必然会反映到高职领域 PPP 模式建设当中，反映到高职领域 PPP 模式进入机制的运行与治理中，反映到高职领域 PPP 模式识别机制建设及其确认过程中。

（三）契约精神是一切原则的统领

无论是总原则还是基本原则，最终落实靠的是"公"方和"公"方认为最合意或相对合意的合作者对契约精神的恪守。由于高职领域 PPP 项目或高职产业学院 PPP 项目作为事业性项目的社会公益性或准经营性特性，由于"公"方的当地政府背景，以及由于"公"方最合意或相对合意合作者一方同样可能有的当地政府背景——如"公"方欲引入的该合作者为国有企业或有着国有经济背景，因此要特别强调作为双方合作最终代表或最后"定夺人"的当地政府的契约精神。契约精神所彰显的法治文化、权责对等原则，是高职PPP 项目或高职产业学院 PPP 项目得以形成全周期运行的关键。

高职领域 PPP 项目或高职产业学院 PPP 项目需要一种可预期的法治保障，作为合作伙伴形成对该项目经济效益与社会效益协调性的认同和期待，以使合作协议能够自愿、愉快签署。如此，当地政府的强势会在该项目实施中得到约束，一旦签约，其就要以平等民事主体身份依法定规范执行契约；而相对弱势的一方——一般为社会资本中的私企，其"三怕"（怕陷阱、怕违约、怕反复）的顾虑会得到消解。从这个意义上来讲，从高职领域 PPP 模式识别机制及其确认过程运行而切入的高职 PPP 项目或高职产业学院 PPP 项目建设，对于当地营商环境建设也是一种倒逼。

第三节　高职领域 PPP 模式产权设计和治理机制运行

由第二章关于高职领域 PPP 模式特征的分析可见，高职领域 PPP 模式建设促进了真正意义上的"办学利益共同体"的形成，又通过第三章的分析表明，产业学院就是其中的重要代表；进一步说，高职领域 PPP 模式建设是通过高职领域 PPP 模式机制运行——特别是通过高职领域 PPP 模式进入机制中的高职领域 PPP 模式产权设计和治理机制运行，即以这一机制运行所推进的产权设计和治理制度安排，奠定了"办学利益共同体"形成和健康运转的根本基础，从而使"高职教育与区域经济的内生机制"建设落到了实处。

一、高职领域 PPP 模式机制运行中的产权设计需要通过治理推进

首先需要明确的是，高职领域 PPP 模式产权设计和治理机制运行中，产权设计与治理之间是什么关系，两者为什么被"捆"在一起而成为一个整体。

（一）产权设计引来的是所有制、股份比例和股权结构等系列问题

一方面，高职领域 PPP 模式产权设计和治理机制运行，既然关涉产权，自然就绕不过与产权问题密切关联的所有制问题，这个所有制问题的具体表现就是股份制或混合所有制问题；从高大上层面来讲，产权问题以及与此紧密相联的所有制问题，从某种意义上来说，是中国特色社会主义制度下的问题，或者说是中国特色社会主义政治经济学所要解决的问题。

另一方面，高职领域 PPP 模式产权设计和治理机制运行，也绕不过产权和所有制问题的实践表现——股份比例和股权结构问题，股份比例和股权结构问题本质上是产权结构问题。将产权结构问题从政策层面和操作层面落实于股份比例和股权结构，自是一个难点，但还是要适时、适度突破的。

（二）多产权主体或混合产权主体设计必然带来多主体的治理问题

因此，关涉身份和话语权甚至高职院校以至高职事业发展方向和发展道路的股份制或混合所有制问题，就成为高职领域 PPP 模式机制运行当中既敏

感又绕不过的问题，从而必然通过产权问题引发出产权设计问题——更具体的以股份比例和股权结构所表现出的产权结构问题，同时还引发出如何治理的问题。

这是因为多产权主体或混合产权主体设计带来的是多主体治理机制，或者说，多产权主体或混合产权主体建设，往往借由多主体治理机制来推进。混合所有制的重点不在于混合，而在于混合后的治理。[①]首先是要对多产权主体或混合产权主体进行管理，然后是要实现从管理向治理的转变。这是因为，较之管理，治理具有更加凸显多产权主体或混合产权之间以及由此带来的其他相关利益者，彼此之间双向（多向）互动、多元参与、合作协商，公开透明的特性。

当前，高职领域 PPP 模式建设推进较为缓慢，原因固然很多，但根本上来讲，多是受限于未能有效推进以股份制或混合所有制为显性标志的产权及其治理设计的建设，具体到实践和实施层面，则是未能明确并妥善解决 SPV 的产权设计问题，特别是其中的股东认定问题和股权设定问题。

二、高职领域 PPP 模式产权设计和治理机制运行牵引出内外部治理问题

高职领域 PPP 模式产权设计和治理机制运行，是以高职 PPP 项目或高职产业学院 PPP 项目为载体，以 SPV 为该载体的具体实现形式，即以 SPV 的架构设计，来撬动社会治理和政府治理建设的。

（一）高职领域 PPP 模式产权设计和治理机制运行首先关涉高职院校内外部治理关系协处问题

1. 从 SPV 出发而演绎的逻辑路线图勾勒出内外部治理关系

SPV 作为特殊目的机构，通常指为特定、专门目的而设立的法律实体。由于以 PPP 模式所推进的经营性项目居多且最能展现 PPP 的内涵，SPV 常以公司形式出现；实际上，在 PPP 模式建设的不同领域和不同性质的项目中，

---

① 董圣足. 混合所有制难在"混"后的治理 [N]. 中国教育报，2016-10-18.

作为法律实体的 SPV 的具体形式可以有所不同。

高职领域 PPP 模式建设、高职领域 PPP 模式机制及其识别机制运行，是以高职 PPP 项目或高职产业学院 PPP 项目为载体的。其载体性意义是：需要由该载体来"装载"一个特设机构，于是，应运而生的 SPV 作为这种特设机构，承担了该项目的运营使命，SPV 就成为高职 PPP 项目载体或高职产业学院 PPP 项目载体的具体实现形式；由此形成的是以高职 PPP 项目或高职产业学院 PPP 项目而承载的 SPV 架构。不难发现，高职 PPP 项目或高职产业学院 PPP 项目运作的成败，就系于特殊目的载体 SPV 的架构安排。

SPV 本是风险隔离制度的"容器"，因而无需独立的经营、业务等职能；正是由于 SPV 的这种特殊性，它是在法治环境下形成的多产权主体之间的契约。这种多产权主体之间的契约联结的是不同性质、不同产权的资本；而从本质上说，不同性质的资本相混合是一种产权制度的变革。[1] 由此，契约联结—资本混合—产权变革的内在逻辑关系及其背后的内外部治理关系，清晰地呈现了出来。不仅如此，资本混合体就是一个"制"，就是 SPV 背后的"公"方与"私"方相互混合的制度。混合所有制是个"制"，是个公私混合的制度。[2] 因而奠基于 SPV 之中的这种产权架构设计，形成的又是以股份制或混合所有制为代表的现代制度安排。在此，"或"的内涵是：可以以混合所有制统代股份制，但为了强调不同类别生产资料所有制、不同经济成分的具体组合状态，有必要单提股份制。这是因为，混合所有制一定是股份制，混合所有制是指存在不同类别生产资料所有制的混合，既有公有制与私有制的混合，还有国家所有与集体所有的混合；但是，股份制不一定是混合所有制。这在后面具体的 SPV 产权架构设计中有更清晰的体现。由于"添加"了混合所有制这一"制"，从 SPV 的特殊性出发的逻辑链——契约联结—资本混合—产权变革—混合所有制，以及由此"推及"的内外部治理关系，就得以更完整从而更清晰地呈现了。

---

① 程承坪. 国企混改亟须做好四方面工作 [N]. 经济参考报，2019-05-06.
② 冯禹丁. 混合所有制是个"制"，不是卖不卖股份 [N]. 南方周末，2014-08-21.

　　正基于此，SPV 以其特殊身份，在高职 PPP 项目或高职产业学院 PPP 项目的产权架构设计中，从而在高职院校或高职领域混合所有制改革中，担当了无可替代的角色。这种围绕股东认定、股权设定等核心问题所进行的 SPV 设计，是以风险隔离为初始动机，以政校企等相关利益者的产权关系的"联结—捆绑"为纽带，以高职 PPP 项目或高职产业学院 PPP 项目（资产）证券化为后期保障，以培养高素质技术技能人才为根本目标，而搭建起的具有高职领域特色的股份制或混合所有制框架，以此搭建起现代职业学校制度架构。关于 SPV 的功能及其运作，还要在最后一章的资产证券化内容中详述。

　　2. SPV 架构设计凸显"建制"变化中的关系调处问题

　　上述分析表明，SPV 这一框架首先促进的是高职院校的混合所有制改革以及其中的内部治理问题。高职院校混合所有制改革指来自公共部门或私人部门的两个或两个以上的具有独立法人资格的主体以资本、知识、技术、管理等要素共同举办职业教育。这种新的办学体制具有多元产权相互渗透、相互融合，且不同主体共同治理、共享成果、共担风险的特点。[①] 由于高职院校混合所有制改革涉及各方观念的调整、理念的重塑、利益关系的重构等诸多问题，SPV 架构设计中的关系调处问题凸显出来。

　　透过这一改革逻辑下的治理实践，高职领域 PPP 模式机制及其识别机制运行以至高职领域 PPP 模式建设，是以"新四大要素"为指引，并以"新四大要素"内在的要求为自身变革的动力源和压力带，即通过 SPV 架构而"天然"地贯通"股份制—混合所有制"制度，形成在"股份制—混合所有制"这一新型制度框架下，推进关于高职院校一级层面或学校二级层面如何应对 SPV 架构及其带来的"建制"变化等问题的办学体制机制变革。"建制"变化的核心议题，是公办高职院校既有的办学体制与高职 PPP 项目或高职产业学院 PPP 项目的产权架构设计当中董事会制或理事会制设计的关系调处问题。

────────

① 　陈春梅. 高职院校混合所有制内部治理存在的问题及其对策建议 [J]. 中国职业技术教育，2019（25）

与此同时，外部力量的介入——企业确立其办学主体地位的诉求及其实现程度以及当地政府对在学校建设发展中角色定位的调适状态等，对于学校的治理也是一种鞭策、促进或倒逼。

（二）高职领域 PPP 模式产权设计和治理机制运行掀起社会治理和政府治道变革的"涟漪"

1. SPV 架构设计又成为促进外部治理的"机会窗口"

混合就是把国有独资、国有一家独大、国有控股的产权结构给改了，是要用产权结构的变化带来市场主体的公平平等的竞争环境。[①] 依此，高职 PPP 项目或高职产业学院 PPP 项目的 SPV 产权架构设计，是要改变这样的情形：改变公办高职院校与国有企业"公办学校国有企业共有"而没有私企进入的情形；或改变公办高职院校与其他公办学校"公办学校独有"而没有非公办学校尤其是没有企业进入的情形。当然，这里国有企业可以扩大为公有企业，不过由于现在集体性质的企业既少且又无多大的实力，故以国有企业代表与公办高职院校合作的公有企业。

由于典型代表私企等企业的进入——这是首选，或由于非公办学校的进入——这是次选，基于 SPV 的产权架构设计，必然会涉及合作企业或合作学校（当为非公办学校）、当地政府以及其他相关利益者。要注意到的是，上述两种情形的改变，当地政府或政府的"名头"并没有出现，为什么这里牵涉的主要相关利益者还要单独提到当地政府。殊不知在现有的体制框架下，当地政府的影响力和实际控制力绝不可小觑，甚至可以说，合作的成败最终取决于当地政府的作为。原因其实也简单明了，公办高职院校以及与之合作的国有企业（公有企业）的背后，都有当地政府的强力支撑，当地政府的具体执行者是各职能部门。研究发现，政府放权意愿对国有企业混合所有制改革具有重要促进作用，政府放权意愿越高，非国有股东持股比例和委派董事、

---

① 冯禹丁，辛晖晖，王耕野. 国资之"混"：混合的混，混沌的混 [N]. 南方周末，2014-04-10.

监事和高管的比例均显著越高。① 非国有股东持股比例提高，以及非国有股东由于持股比例提高而委派董事、监事和高管的比例相应提高，SPV 的产权架构设计所带来的外部变化，是一种对社会治理和政府治道变革由潜在力量向显性力量渐次转化的促进。

以上分析表明，高职院校混合所有制改革及其内部治理问题，又必然连带出外部治理问题；SPV 的产权架构设计又会成为促进社会治理和政府治道变革等外部治理的"机会窗口"。

2. 链链构建与联合建设"关照"于"学校—企业—政府—社会"良性生态链的萌发

SPV 产权架构设计，搭建起的股份制或混合所有制框架，首先应是具有高职领域特色的，因为 SPV 是由高职 PPP 项目或高职产业学院 PPP 项目承载的；由此构建的是高职领域"投融资模式创新—建设与管理模式创新—治理模式创新"链。

同时，这种股份制或混合所有制的框架搭建，还要彰显社会事业特性，即要立足公立高职院校作为事业单位的单位类型定位，以及高职领域作为社会领域子领域的社会事业特性定位，以高职领域"投融资模式创新—建设与管理模式创新—治理模式创新"链，撬动教育领域以至社会事业领域乃至社会领域"投融资模式创新—建设与管理模式创新—治理模式创新"链的构建；不仅如此，其间必有政府所引导和推动的现代职业学校制度建设与现代企业制度建设的联合建设。

在此，公立高职院校内外部互动，"政校企社用"协同，在链链构建和联合建设的"关照"下，掀起社会治理和政府治道变革的"涟漪"，"学校—企业—政府—社会"良性生态链正在萌芽、发育。

---

① 蔡贵龙，郑国坚，马新啸，等. 国有企业的政府放权意愿与混合所有制改革 [J]. 经济研究，2018（9）.

三、SPV 架构首先由 "公私" 合作的基本组合或派生组合生成

（一）SPV 是高职领域混合所有制经济的微观表现形态

根据上面的分析以及其本身的 "冠名" 表明，高职领域 PPP 模式产权设计和治理机制运行，与产权是须臾相联的。经济运行的产权形式一般有这几种：完全由政府所有和控制的经济体，典型如国有企业；由私人资本或民间资本所有和控制的经济体，典型如私人企业或民营企业；由私人资本或民间资本所有但受到政府规制和反垄断法等约束的经济体，典型如 "黄金股" 企业；由公共部门和私人部门共同所有和控制的经济体，典型如混合所有制企业。显然，混合所有制企业是混合所有制经济的衍生物。

根据《牛津经济学词典》，混合所有制经济是指各种不同所有制资本，通过多元投资、相互融合而形成的产权配置结构和经济形式；具体而言，混合所有制经济是指国家所有、集体所有、非公所有的生产资料所有制成分，至少两种组合在一起的经济制度，其主要表现形式有交叉持股、股份制、上市；混合所有制企业则是混合所有制经济的微观表现形态。对于高职领域 PPP 模式建设及其机制运行，尤其是对于高职领域 PPP 模式进入机制及其产权设计和治理机制运行来讲，混合所有制机构 SPV，这个实现高职 PPP 项目载体或高职产业学院 PPP 项目载体运营任务的具体形式，即为高职领域混合所有制机构的微观表现形态——或者说 SPV 就是高职领域混合所有制机构。要注意的是，在此不称 "混合所有制企业" 或 "混合所有制经济体"，宜称 "混合所有制机构"。

至此，对于 SPV 的 "身份" 和地位有了进一步的认识：从 SPV 与高职 PPP 项目或高职产业学院 PPP 项目的承继关系来看，SPV 是该项目的具体实现形式；不仅如此，从高职领域混合所有制建设以及由此引发的高职院校内外部治理关系来看，SPV 又是该领域混合所有制机构的微观表现形态。

因此，如何以混合所有制形态或股份制形态而清晰界定 "公" 方、"私" 方等相关利益者的产权，形成良性运转的治理结构，是高职 PPP 项目载体或

高职产业学院 PPP 项目载体成功运转非常重要的条件。由于混合所有制或股份制在实践和具体实施中，各有其表现形态，很有必要将股份制及其形态从混合所有制及其形态中单独"拿"出来。

（二）"公私"合作的组合为两大基本组合和四大派生组合

那么，基于高职 PPP 项目或高职产业学院 PPP 项目运行的混合所有制或股份制及其形态，是如何微观表现于 SPV 的呢？这需要观察和研判围绕其中的产权组合或资本组合情形。

1. 基本组合和派生组合分别代表着主体模式和辅助模式

根据第一节对于"公"方和"私"方的讨论和界定，"公"方以公办高职院校代之，公办高职院校为"公私"合作的直接出面方和合约签署方，尽管其背后的地方政府才是实际和最后的控制方，但出于不与民争利等诸多考量，地方政府往往在合约中是不直接以"某某人民政府"名义出现的，通常会"改头换面"出现，如常以城投公司（城市建设投资公司的简称）等类似的地方政府融资平台的名义出现。"私"方即为私企等主体，可以扩充到社会资本或社会力量；特别是，鉴于高职领域 PPP 模式建设以及高职 PPP 项目或高职产业学院 PPP 项目的特殊性，"私"方还应包括非公办学校。

鉴于此，"公"方与"私"方合作即"公私"合作的组合，先有基本组合，后有以此为基础的派生组合，基本组合和派生组合分别代表的是高职领域 PPP 模式产权设计和治理机制运行进而高职领域 PPP 模式建设的主体模式和辅助模式。无论是基本组合还是派生组合，其微观表现形态均可为 SPV，但具体名称都可有不同，如产业学院——冠以具体名称的产业学院等等。

2. 公办高职院校与境（国）内企业的组合为基本组合

为叙述简便，这里将境内或国内企业简化为企业。

"公私"合作的基本组合（计作基本组合 I），是公办高职院校与私人企业或民营企业的组合，这一组合应该是基本组合中的"标配"，是最应提倡的组合，因为这一基本组合最契合 PPP 模式的秉性。这一组合形成的所有制形式是股份制和混合所有制，"和"表明，该组合形成的所有制形式是以股份制形式形成的混合所有制，即股份制形式和混合所有制形式两者可以并存——是股份制形式的混合所有制，也是混合所有制中的股份制。

"公私"合作的基本组合（计作基本组合Ⅱ），另外一种是公办高职院校与国有企业或集体所有制企业的组合，简化之，是公办高职院校与公有企业的组合。这一组合尽管是公办与公有的组合——"公公"组合，但毕竟后者是企业甚至是实力型企业，是校企的组合，仍然可以作为次优选。这一组合形成的所有制形式是股份制而非混合所有制，"非"意在于，这里没有不同所有制资本即没有不同性质、不同产权资本的混合。"公公"组合可以分解为"公国"组合和"公集"组合两种具体组合：前者即公办高职院校与国有企业的组合，该组合应是本组合的典型代表和次优选之指；后者即公办高职院校与集体企业的组合，该组合实际较为少见，因为集体所有制企业幸存者已少且实力多不足以与公办高职院校合作。

3. 公办高职院校与境（国）内企业以外的主体的组合为派生组合

"公私"合作的派生组合（计作派生组合Ⅰ），是公办高职院校与外资企业的组合。外资企业包括中外合资企业、中外合作企业、外商独资企业。这一组合形成的所有制形式是股份制和混合所有制。

"公私"合作的派生组合（计作派生组合Ⅱ），另外一种是公办高职院校与中外合作学校的组合。境外或国外的学校进入境内或国内，通常是通过与境内或国内学校（当然包含其背后的地方政府等）合作的方式进行的。这一组合形成的所有制形式是股份制和混合所有制。

"公私"合作的派生组合（计作派生组合Ⅲ），第三种是公办高职院校与民办学校的组合。通常民办学校即是指境内或国内的，因为境外或国外类似学校多为私立学校。这一组合形成的所有制形式是股份制和混合所有制。

"公私"合作的派生组合（计作派生组合Ⅳ），第四种是公办高职院校与社会力量的组合。广义的社会力量是指能够参与、作用于社会发展的基本单元，包括自然人和法人，法人含企业法人、机关法人、事业单位法人和社会团体法人。对于社会力量的中义和狭义的辨识，需要放在"公私"合作的环境下进行。由于参与境内或国内办学的个人，大多为捐助办学；而能够以"私"方身份进入 PPP 环境的个人，实际上已经"变身"为法人了。鉴于此，社会力量的中义是指"剔除"自然人后的法人。这样，社会力量的狭义就明确了，是指除去企业法人、机关法人和学校事业单位法人的法人——更具体的就是社会团体法人和除公办学校的事业单位法人。

这是因为企业法人的 PPP 活动已在基本组合 I、基本组合 II 和派生组合 I 中体现；鉴于政府机关的敏感身份，地方政府作为机关法人不宜直接参与组合；对于作为事业单位法人的公办学校欲进行的组合，是不予考虑的，"公公"学校组合并无实际意义，另外，中外合作学校和民办学校的定位不是事业单位法人。

派生组合 IV 在实践中更为复杂。鉴于我国国情，很多社会团体是有公有或国有背景的，并非所谓"独立的第三方"；同时，这些社会团体的运作，较之国有企业或公有企业，既比不上规范又跟不上实力。为此，本组合的建设要谨慎。因此，这一组合形成的所有制形式最复杂，可以是股份制和混合所有制，可以是股份制或混合所有制，也可以是股份制而非混合所有制。

4."公私"合作组合情况的直观显示

"公私"合作的组合，形成的两大基本组合和四大派生组合，表4-1 有直观的显示。

表4-1　"公私"合作组合情况

组合类别	组合内容	组合体的所有制形式	组合模式
基本组合	I：公办高职院校+私人企业（民营企业），本组合为基本组合的"标配"	股份制和混合所有制	主体模式
	II：公办高职院校+公有企业（国有企业+集体企业），其中，"公办高职院校+国有企业"为基本组合 II 的"标配"	股份制而非混合所有制	
派生组合	I：公办高职院校+外资企业	股份制和混合所有制	辅助模式
	II：公办高职院校+中外合作学校	股份制和混合所有制	
	III：公办高职院校与民办学校	股份制和混合所有制	
	IV：公办高职院校与社会力量（狭义）	股份制和混合所有制，或者股份制或混合所有制，或者股份制而非混合所有制	

四、SPV 的具体运转取决于股权结构的安排

（一）微观上的产权多元化是一个经济体（准经济体）的股权多元化

混合所有制是一个经济体产权多元化的基本形式。产权多元化既指国家或地区经济体系中所有制结构的多元化——这是宏观上的产权多元化，又指一个具体经济体的股权多元化——这是微观上的产权多元化。显然，经济体从宏观上看，是国民经济体系或区域经济体系或地方经济体系，经济体从微观上看，是企业尤其是国有企业，因为基于激发活力、提高效率的考量，国有企业最有混改的现实动因。不过，现实生活的精彩纷呈和纷繁复杂正在于，不仅如此，还有大量存在的准经济体，以及准备改造和改制为经济体和准经济体的机构。可以将这些准经济体和准备改造改制的机构统称为准经济体。为此，混合所有制中所指的经济体其实应该包括准经济体。以下以其微观状态为例进行展开说明。

作为产权形式的股权虽然由出资人的财产所有权转化而来，然而，一旦这种财产所有权能够"附着"在该经济体（准经济体）上，从而转化成具有特定情景的财产权，其内涵就更加丰富：第一，股权不仅含财产性质的股利分配请求权、剩余财产索取权、股份转让权，而且含非财产性质的该经济体（准经济体）管理权；第二，含财产性质权利的股权实际上是资本所有权，而资本所有权的本质要求是资本增值，当然对于一些准经济体而言，资本所有权的增值需求还需要与该机构本身的性质和定位相协调，这即是资本的逐利性与机构的社会公益性的协调问题；第三，由于委托—代理机制的存在，该经济体（准经济体）的股权控制并非表现为生产经营的直接控制权，而多表现为通过完善法人治理结构来进行控制。

（二）股权及其比例的法律规定、理论界定与实践有落差

由此看来，由国有产权主体控制的混合所有制企业，必须有能力也愿意给予非国有产权主体大于其机会成本的参与利益，二者才可能继续合作。①

---

① 剧锦文. 国有企业混合所有制改革的缔约分析 [J]. 天津社会科学，2016（1）.

同样，在高职领域 PPP 模式建设和高职领域 PPP 模式产权设计和治理机制运行中，公办高职院校必须有能力也愿意给予其合作者以合理而足够的利益（经济利益）和效益（社会效益），校企合作以至"政校企社用"协同才能可持续进行。为此，攸关"政校企社用"各方利益和效益的 SPV 的股权状态，必然会受到高度的关注。

SPV 的股权状态即股权结构的重要性体现在：SPV 的股东有选择管理者、参与重大决策、实现资产收益的三大关键职权，这是《公司法》所规定的；并且依法规定，SPV 的股东同股同权，即股东股权越多，话语权越大。

这是法律上的明确规定，然而要落实到操作层面上，仍然有不小的难度，集中表现为 SPV 的股东各自的股权比例是多少，尤其是如果是"公私"混合，"公"方与"私"方各占多少比例，才既保证了意识形态的根本方向，又合乎规制的要求，同时还顾全"私"方能够使其倾力于其中的利益和效益？这就是说，通过高职领域 PPP 模式建设所推进的混改意味着高职院校的国资股权被稀释，但 SPV 中国资占股多少为佳为宜，虽然理论上的"界定"是比较明确的，但是政策上尤其是实践上却是难以很好把握的问题。一个经典的观点认为，只要"握有"51% 的股份，就可以做到绝对控股；问题的复杂性以至表现为在实际操作中，能够做到自己说话算数又不至于浪费其资源的这个平衡点，其实是难以把控的。股份比例的背后就是宝贵的资源，如何做到使自己的资源得到最优配置又能大权在握，至少有一定的话语权，这终归取决于在既定的规制下 SPV 中各方的博弈，由此会形成私人的（民营的）、国有参股的、国有相对控股的和国有控股（绝对控股）的甚至国有独资的SPV。特别说明的是，国有独资的 SPV 本是遭忌讳的，但对于一些特别领域如高职领域 PPP 模式建设来讲，国有性的校企合作组合而成的 SPV，是可以作为次优选择的。

（三）SPV 的股权结构与其分类也有密切关系

进一步上述问题的探究不难发现，SPV 的股权结构，"面"上是"公"方与"私"方的数字比例问题，"里"上则与 SPV 的属性和分类相关。以 SPV 为国有企业为例。2015 年发布的《中共中央、国务院关于深化国有企业改革的指导意见》，将国有企业明确划分为商业类和公益类。实际上这是一种原则性分类。在地方国企改革方案中，国有企业被划分为竞争类、功能类、公共服务类，这离操作实施近了一步。但总的来讲，国有企业分类都是在既定的政策框架内。

这说明，国有企业分类问题敏感性强，关涉重大利益，因而备受关注；另一方面，国企分类问题本身是存在不确定性的。这是因为，第一，既然要分类，就要找到"类"的边界，而"类"的边界取决于国企改革中的市场发育水平，或者说取决于政策规制与市场发育之间的博弈状态；第二，由于市场发育水平是动态的，即政策规制与市场发育之间的博弈也是动态的，"类"的边界也是随之变化的。国企分类改革之难即在于此。

问题的复杂性还在于：高职领域 PPP 模式建设下的 SPV，简单定位为国有企业既不符合现实又是不负责任的。比如承载高职产业学院 PPP 项目的 SPV，如果产业学院本身就是 SPV，那么 SPV 就不是企业或国有企业，尽管其一定是有经济性追求的，否则外部资本不会进来；如果在产业学院外另立一个机构作为 SPV，则 SPV 多半为公司，该公司的所有制性质就不能一概而论。这点后面还会继续讨论。

（四）SPV 的分类又牵涉出股东认定问题

如果 SPV 内所有股权都有清晰的归属，每一份标准化的股权属于明确的股东，那么 SPV 的运转就会步入正常、持续的轨道，从而在高职领域 PPP 模式建设和高职领域 PPP 模式产权设计和治理机制运行框架下，实现各方的共进互赢。因而基于股权结构的 SPV 分类问题，又落脚于股东认定问题，而股东认定问题本质上是身份及其归属问题。

在股东认定问题上，既有的"公"方相对引入方而言更加复杂。"纯"股权式 PPP 模式建设通常是由直接当事人即公办高职院校直接出任"公"方股东的。在现实中，公办高职院校直接出任"公"方股东，是直接以事业单位法人出资人身份出现，还是需要转换一下身份，以企业法人出资人身份出现？这要视情况而定：如果建设框定在学校层面（在股份制或混合所有制高职院校试点建设的政策框架下），学校以事业单位法人出资人身份出任股东为宜，这主要是基于学校肩负着培养有职业精神和道德情怀的高素质技术技能人才的使命；如果建设框定在学院层面，则有两种方案，一是学校作为事业单位法人出资人身份出任股东，二是学校作为企业法人出资人身份出任股东。选择前一种方案的理由同前述，但鉴于学院作为二级组织的政策敏感度相对较低，可以尝试选择后方案，此时需要解决的问题是其能否以及在多大程度上体现校企"双主体"办学中"校"方的权益。

（五）SPV 的股东认定问题终要细化到股权设定问题

SPV 的股东认定问题细化到股权设定，更具体表现就是股份比例；其典型性则是公办高职院校与企业组合后的比例安排，至于公办高职院校引入非公有制学校以及社会力量（狭义）的情形，股份比例相对易于控制和调处。

1. 框定在学校一级层面的若干情形

如果 PPP 模式建设框定在学校一级层面，引入的是企业，公办高职院校就要引入理事会制或董事会制。这也就意味着学校要进行"企业性"或"企业化"改造。"企业性"和"企业化"分别是指引入的企业的股份占比低于学校和高于学校的情形。

如果企业的股份占比低于学校，无论该企业的所有制性质，即不论是基本组合还是派生组合 I，都无碍学校仍然为公办的大局。如果企业的股份占比高于学校，则有三种情形：第一种情形，若该企业是国企或公有企业，对学校的公办性质无碍，只是经营机制会随之有所变化或转换；第二种情形，若该企业是私（民）企，由于将直接"危及"高职院校的公办性质，问题就变得复杂而敏感；第三种情形，若该企业是外企，其情形则如私企（民企）。当前为确保公办高职院校的国有或公有性质，对学校的"企业化"改造尚无宽松放行的政策动向，对学校的"企业性"改造则通过试点在审慎推进。

2. 框定在学校二级层面的情形

PPP 模式建设要是框定在学校二级层面——包括合作建设产业学院，同样引入的是企业，其情形又如何呢？

如果引入的是国有企业或公有企业，其现实意义是，可能是以此通过学校二级组织建设与管理模式的转变，而促进学校一级层面有所改变的机会；无论这个新二级组织的股份比例怎样变化，也无妨学校公办性质的定位。如果引入的是私（民）企或外企，且该新二级组织中这个引入者的股比更高，即其居于控股地位，那么会引发两个疑问。一是能够容忍这个引入者控股吗？容忍包括政策容忍和操作容忍，一般政策容忍是学校和引入者都不可控的。二是如果能够容忍，比如有政策的操作空间，或双方乐于"促膝而谈"，是否存在由此出现改变学校公办性质的"缺口"？

《高等职业教育创新发展行动计划（2015—2018 年）》提出要"鼓励企业和公办高等职业院校合作举办适用公办学校政策、具有混合所有制特征的二级学院"。研读之，有三点迷惑。第一，企业指向并不清晰，是否不同所有制性质的企业都是允许的？第二，"适用公办学校政策"的表述也显模糊，什么样的政策才是适用于公办学校的？这很大程度上取决于相关政策的进展状态。第三，"特征"与性质是否有区分？按理，特征与性质一般是有不同的，这里的潜台词让人们揣摩不清，以致在行动上和操作上造成障碍。

这里的二级学院不妨扩展为学校的二级组织。那么，"具有混合所有制特征的二级学院"是不是一定指学院等二级组织就是公有公办的？如果学校股份占比更高，可能出现的学院等二级组织的建设格局，或公有共办或公有私（民）办；如果是私（民）企且其股份占比更高，学院等二级组织建设可能出现的格局是，或私（民）有共办或私（民）有公办。从现实和发展趋势来看，公有共办、公有私（民）办、私（民）有共办的情形都会出现，而私（民）有公办的情况较为少见。目前的主基调仍然是要保证学院等二级组织的公有性质；二级组织的私（民）有共办情形，则具有突破传统思维模式局限和现有制度障碍的变革意义。

　　总之，与 SPV 的股东认定问题紧密联系的是股权设定问题。由于股权的背后是股份占比以及由此决定的话语权，因而股权设定问题最终是合作办学机构的所有制性质问题。高职领域 PPP 模式产权设计和治理机制运行中，"公"方与"私"方的博弈，是在审慎"观照"并创新性地运用相关法律法规和政策，通过试点来推进的。高职院校相对于普通本科高校来说，其社会影响力相对较弱，因而规制性也较弱，改革的步子可以迈得更大一些。

第五章
高职领域 PPP 模式过程机制运行：分解与调适

CHAPTER 5

高职领域 PPP 模式建设是要形成"共识、共鸣、共振、共享"效应，即要通过该建设，在理念上达成共识，在思想上产生共鸣，在实践上形成共振，在成果上实现共享，走出一条具有职教领域特色的 PPP 建设之路。

理念的共识和思想的共鸣，得益于对高职领域 PPP 模式内在机理的剖析和认知；实践的共振和成果的共享，则依赖于对高职领域 PPP 模式运行机制规律的把握，以及在此指引和指导下，对高职领域 PPP 模式运作方式的践行。高职领域 PPP 模式过程机制"居间"高职领域 PPP 模式进入机制和高职领域 PPP 模式退出机制，在高职 PPP 项目或高职产业学院 PPP 项目建设的"项目识别—项目准备—项目采购—项目执行—项目移交"流程中，其运行处于"项目执行"阶段。

为此，在以产业学院为载体的高职领域 PPP 模式"进入—退出"机制运行中，高职领域 PPP 模式过程机制发挥了不可替代的作用，保障该机制的健康运行并进行动态调适，就成为必做的"功课"。

第一节　高职领域 PPP 模式投入分解机制运行

高职领域 PPP 模式过程机制可以分解为高职领域 PPP 模式风险分摊和处置机制、高职领域 PPP 模式过程调适和监管机制；其中，高职领域 PPP 模式风险分摊和处置机制又可以细分解为高职领域 PPP 模式投入分解机制和高职领域 PPP 模式收益机制。

由于投入及其分解过程既是风险分摊和处置过程，同时又引发了对过程的调适和监管，本章自是先从高职领域 PPP 模式投入分解机制运行讲起。

高职领域 PPP 模式投入分解机制运行过程，是"公"方以一部分职教资源出让换取"私"方相应投入的过程，也是"私"方借以进入高职领域进行社会责任投资而获取长期稳定回报的过程。

一、高职领域 PPP 模式投入分解机制运行的理论基础是高等教育成本分担理论

（一）高等教育成本分担理论奠定了三方分担框架

高等教育成本分担理论是由美国纽约大学校长、高等教育财政专家布鲁斯·约翰通于 1986 年在出版的《高等教育的成本负担：英国、联邦德国、法国、瑞典和美国的学生财政资助》中提出的。其基本观点和主张是：应由政府或纳税人、个人和家庭、社会人士（捐赠）共同分担高等教育的成本。由此，该理论奠定了政府（纳税人）、学生及其家长、社会（捐赠人）三方分担框架。这一理论提出的背景是人力资本理论和公共产品理论的形成。

1. 人力资本理论为个人（学生及其家长）分担成本提供了依据

人力资本是指劳动者受到教育、培训、实践经验、迁移、保健等方面的投资而获得的知识和技能的积累，亦称"非物力资本"。由于这种知识与技能可以为其所有者带来工资等收益，因而形成了一种特定的资本——人力资本。对人力资本理论做出突出贡献的主要有舒尔茨、贝克尔、明赛尔、丹尼

森等，他们从不同的角度对人力资本进行了论述。人力资本理论可以追溯到18 世纪的政治经济学，欧文·费雪在 1906 年发表的《资本的性质和收入》中最先明确提出"人力资本"的概念，并将其纳入经济分析的理论框架中，但这一概念并没有得到当时学术主流的认可；直到 1960 年美国经济学家西奥多·W. 舒尔茨发表了关于"人力资本投资"的演说，"人力资本"概念才正式为学术主流所接受。因此，舒尔茨被称为"人力资本之父"。人力资本理论于20 世纪 60 年代兴起之后，20 世纪 70 年代后经贝克尔、明赛尔、丹尼森等的研究，得到进一步的发展。

人力资本理论的产生，使社会经济发展方式产生了巨大的改变，对人们生活产生了深远的影响，其中之一就是人们对于成本"价值观"和"人文观"的发掘："教育成本"概念被引入教育经济学研究中，即在教育领域除了通常所知的"那个"成本即直接成本外，还有间接成本即机会成本，这就是社会资源因投入教育而牺牲的其他原本可能的收益中的最大者；而高等教育成本除了包括直接成本即货币支出之外，还包括政府、学校和个人的机会成本。至此，高等教育成本分担论"脱颖而出"：基于高等教育成本来自政府或纳税人、个人和家庭、社会捐助者三大主体的假设，高等教育成本支出或补偿，要从全由或几乎全由政府或纳税人负担，转向至少部分由家长和学生负担。

高等教育成本分担理论以"谁受益，谁付款；多受益，多付款"原则为指引，为许多国家为缓解高等教育投入供需矛盾而打开财政之外的通道提供了依据。而个人或家庭对高等教育进行的支出或投资意在增加"凝结"于个人的人力资本，以获得比没有或未能更多受到高等教育的人更高的货币收益（经济收入等）和非货币收益（社会地位等），于是，该支出或投资即成为与其收益相对应的教育成本。

2. 高等教育产品的准公共特性决定其成本分担的非唯一性

根据公共产品理论对产品或服务基于竞争性和排他性特性的划分，全部社会产品和服务包括私人产品、准公共产品和纯公共产品。具有不完全竞争性的高等教育产品，由于是一种介于纯公共产品和私人产品之间的准公共产品，由政府与市场共同提供是符合理性的，换句话说，政府不应该是这种准公共产品的成本的唯一承担者。

高等教育产品的公共性大小，既取决于内在的消费性，又决定于对这种产品的制度安排，而这种制度安排关涉教育公平。可以说，高等教育成本分担制度其实蕴含着教育公平的理念和思想。要摆脱软弱状态而能够自助，要开启潜能而得到发展，都有赖于教育。教育就是通过向个人传授一定价值观念、文化规则、生产技能和知识，来促进人实现社会化的一种活动。每个人都是通过教育来完成自己的社会化过程的；他在受教育过程中获得的生存知识和技能，则是其将来独立谋生的必要准备。教育公平的本质，就是按照公平概念中比例平等的原则，使受教育者平等地享受教育权利和教育资源。简单而言，教育公平就是实现教育利益分配的公平化。教育公平强调的是这样一个前提——一个受教育群体相对于其他受教育群体在教育权利和教育资源方面占有平等份额。高等教育成本分担制度通过收取一定比例的学费，将一部分成本转移给有支付能力的个人和家庭，并在经济状况调查基础上，给无力承担学费的人以各种形式的资助，从而朝公平迈进了一步。

（二）客观评价高等教育成本分担理论才能让高职领域 PPP 模式投入分解机制"行稳致远"

1. 高等教育成本分担理论框架指导下的高等教育成本分担格局

高等教育成本分担理论给出了基于当时历史环境和发展条件下的高等教育经费支付框架问题，即高等教育成本如何在政府（其后是纳税人）、个人和家庭、社会捐赠方之间合理分担并最终实现的问题，回答了高等教育成本摊还（成本补偿）问题，为高等教育筹资多元化指出了方向。这也是高等教育成本分担理论最值得称道之处。

这一框架指导下所形成的高等教育成本分担总体格局是：在高等教育成本主体中，政府是最主要的成本分担者，学生或家庭是成本的重要分担者，社会力量是成本分担的重要补充。①

2. 高等教育成本分担理论的历史局限性

高等教育成本分担理论是在 20 世纪 80 年代提出的，一方面，它源起于公共产品理论；另一方面，也受限于当时的实践发展——如对于社会力量参与办学看重的是教育热心人士的捐助。当后来"PPP"这一概念提出，并由此在"硬经济"领域和"硬社会"领域形成一种建设风潮的时候，高等教育成本分担理论的局限性就显而易见了。

第一，未能考虑如何通过一种运行机制或者建设模式，来分担高等教育的成本，而是将高等教育的总成本"直接分摊"给政府或纳税人、个人和家庭、社会人士，由此形成的是政府或纳税人财政分担、个人和家庭学费分担以及社会捐赠分担三大块。第二，社会分担部分显得相对弱化，其表现，一是未能看到社会投资领域的发展潜力，二是更没有能够看到未来社会投资领域以合作的方式对接高等教育领域的发展可能。基于此，高等教育成本分担理论局限于社会人士的捐赠，而没有能够进入更具有"投资领域革命意义"的企业投资层面。

（三）高职领域 PPP 模式投入分解机制运行是对高等教育成本分担理论的高职领域应用

高职教育即职业高等教育，其作为与普通高等教育相区分的一种高等教育类型，是我国高等教育体系的重要组成部分；高职教育区分于普通高等教育的显著特点，在于其职业性，因而其又是离产业和市场从而离区域经济发展最近的高等教育类型。

故此，适于高等教育领域的高等教育成本分担理论，同样甚至更适于高职领域；而高职领域 PPP 模式建设以及高职领域 PPP 模式机制及其高职领域 PPP 模式投入分解机制运行，正是在高等教育成本分担理论的指引下，创新性运用于我国高职领域建设的。

---

① 秦福利. 高等教育成本分担研究 [M]. 北京：北京理工大学出版社，2012.

二、风险分摊是高职领域 PPP 模式投入分解机制运行的基本方略

（一）高职领域 PPP 模式机制及其高职领域 PPP 模式投入分解机制运行的风险控制更加繁杂

根据国内外产学研协同创新实践，可以将产学研协同创新风险分担模式划分为基准分担模式、干预分担模式和系统分担模式等三种。[①] 这里的系统指的是由产学研协同创新联盟、政府、企业、高校、科研机构、风险投资机构和公共服务平台七大主体构成的风险分担体系。

高职领域 PPP 模式建设以及高职领域 PPP 模式机制及其高职领域 PPP 模式投入分解机制的运行，本质上是一种产学研协同创新活动。相比之下，这种产学研协同创新活动，由于其"附着"的项目即高职 PPP 项目或高职产业学院 PPP 项目，运作周期相对长（这是该项目作为 PPP 项目本身的特性决定的），还有某些特殊要求，如实体项目式建设或纯股权式建设，再如内涵式建设或外延式建设等，加之"公"方、"私"方的分野更加明晰，该项目的运作平台 SPV 本身的结构安排由于有特定的要求，因而更为复杂，牵扯的利益面就更广，因而比一般的或泛义上的产学研协同创新活动的风险控制更加繁杂。

由此可见，风险是职业教育 PPP 模式的突出问题，风险评估及风险分担影响着职业教育 PPP 模式各参与方的决策和院校举办的进展。[②] 高职领域 PPP 模式投入分解机制的运行中，风险管控及其带来的风险分摊问题，也是"公"方和"私"方必须直面并切实解决的现实问题。

（二）高职领域 PPP 模式投入分解的背后是股权结构

对 PPP 项目的风险管理是建立在项目的性质、产权结构、风险控制能力、风险损失与利益分配等基础上的，如何使项目合作各方通过相应的合同条款分摊风险，是参与各方需要共同面对和解决的实际问题。[③]

[①]　沈云慈. 产学研协同创新风险分担机制研究 [J]. 中国高教研究，2014（6）.
[②]　于光辉，张秋霞. 职业教育院校 PPP 模式的风险研究 [J]. 教育学术月刊，2019（7）.
[③]　何寿奎. 公共项目公私伙伴关系合作机理与监管政策研究 [M]. 成都：西南财经大学出版社，2010.

高职领域 PPP 模式投入分解机制运行，其直接的状态，是双投资主体或多投资主体对高职 PPP 项目或高职产业学院 PPP 项目的投入分解，这种分解的背后，则是股权结构和由此代表的话语权，也是双投资主体或多投资主体尤其是其中的"私"方投资主体，对于与其投入相适应的预期收益（效益）的期待，从而形成投入—产出的循环；而这种循环是否为良性运转并由此达到预期目标，又很大程度上受制于投入中的风险控制。

这里要指明的是，双投资主体并不一定是双办学主体，如若引入的"私"方是非公办学校或社会力量（狭义），则后者不构成与"公"方（具体指高职院校）并立的另一办学主体。

（三）风险分摊是风险控制的重要手段

PPP 模式的本质在于实现政府与社会资本的优势互补，即 PPP 模式以一种纽带的方式将政府与社会资本联系起来，为政府与社会资本发挥优势提供平台。[①] 因此，与其说高职领域 PPP 模式投入分解机制运行事关投入的分解，不如说其运行与投入分解而引发的风险控制密切相关，因为"私"方投资主体之所以投入，是为了预期的收益（效益），而风险控制的状况能够直接影响其产出的绩效。风险控制的重要手段就是风险分摊。如果每一种风险都能由最善于应对该风险的合作方承担，那么毫无疑问，整个基础设施建设项目的成本就能实现最小化。[②]

同样，高职 PPP 项目或高职产业学院 PPP 项目建设也要考量各方风险的最优应对方略和最佳分担方案，从而将整体风险降低到各方都能接受的程度。事实上，追求高职 PPP 项目或高职产业学院 PPP 项目整体风险最小化，要比"公"方和"私"方各自追求风险最小化，更能化解职教领域或高职领域项目建设的风险。不过，这里仍然有各自对于风险—收益的权衡问题，包括

[①] 刘博，孙付华. 政府与社会资本合作模式下新建跨流域调水工程项目的协同机制 [J]. 中国科技论坛，2016（3）.

[②] [美] E. S. 萨瓦斯. 民营化与公私部门的伙伴关系 [M]. 北京：中国人民大学出版社，2002.

对该项目风险的诱因、发生概率和后果的认知，以及对于可能出现后果的处置能力。

有一点要注意，"公"方能够转移给"私"方的项目风险，是部分的而不是全部的，即转移的风险存在范围和程度问题，总体上，它会受到"私"方基于机会成本"谋算"所要求的回报水平的制约。

（四）风险分摊要考虑的问题

1. 风险分摊的基本原则

（1）将相关风险分配给最适当承担的一方

这个"最适当承担"就是最具有控制能力，或是一种管理能力，或是一种激励能力。因而本原则即是要将某类（种）风险分配给最有管理能力或最有激励能力的一方。为此，就要评估和确认具体是"公"方和"私"方中的哪一方最有能力做好这两件事情：谁能够应对好这类（种）风险发生的可能性；谁能够管理好已出现的这类（种）风险。同时还要做的关联工作是：评估和确认由于风险出现而引致的成本影响；各方承担该成本费用的能力；由于成本影响对价格产生的正向或逆向作用——正向作用为助涨作用而逆向作用为助跌作用，要评估和确认是正向作用居多还是逆向作用居多；如何抵消或转移这些增加的成本费用。之所以要虑及成本和价格问题，是因为可能或业已出现的风险，会连带出费用增加、价格提升等成本高企问题。

依此原则，应该把高职 PPP 项目或高职产业学院 PPP 项目的建设风险分配给"私"方。这是因为"私"方处在该项目建设的最有利位置，一是其本身有项目建设的资质、实力，二是其还可以通过建设合同等手段，将一部分风险转嫁给意欲承接该项目工程而"分一杯羹"的"下方"。应该将该项目的政治风险、法律变更风险等风险，分配给更有控制力的"公"方。这是因为"公"方作为政府或政府的代表（高职院校），或本身是相关规制的制定者，或者有能力影响相关规制，从而在识别、评价和控制这些风险中，处在较"私"方更为有利的位置。为此，在实际操作层面上，要将所筛选出来的风险经过分析汇总，按照本原则，将相应的风险交由"公"方或"私"方下的相应主体去应对。

（2）承担的风险程度要与所得回报相匹配

这即是某类（种）风险固然由最有控制力的一方承担，但其承担该风险的程度应当与其所得回报相匹配。这也是投资领域最基本也是最经典的投入—产出比法则，在高职 PPP 项目或高职产业学院 PPP 项目建设中的具体体现。同时还要特别强调的是，该项目毕竟是"硬社会"领域项目，社会事业性和教育公益性要求明显，因而投入—产出比中实际上还含社会效益的要求。这就是说，该项目较之经营性项目或"硬经济"领域项目，多了一层社会效益的明确要求，形成的是一种经济利益—社会效益的"双重约束"。因而，从某种意义上讲，"私"方进入高职领域做 PPP 项目的风险系数更高，或者说，"公"方引入"私"方这些社会资本或社会力量"搞建设"的难度更大。

（3）承担的风险要有上限约束

这即是综合上述两条原则后的"集成"原则。对于"公"方来讲，可能突破上限约束的表现是：第一，在与"私"方追逐经济利益的合作中，迷失甚至丧失自我，忘却了作为新时代高素质技术技能人才培养"大本营"的本分；第二，忽视或摒弃自身人才培养的优势，在物质资本投入上费时又耗钱，造成"前方紧吃""后方吃紧"的尴尬甚至险境。对于"私"方来讲，可能突破上限约束的表现是：第一，一味强调尽可能多赚钱，对于该项目固有的社会效益性要求不管不顾，或只是将其当做多挣钱的幌子；第二，未能深入或深刻认知该类项目的特性，未能恪守对于此类项目应有的"审慎投入、分期进入、长期持有、择机退出"的准则，形成过多的或者一次性的投资"沉没"。

当然，对于承担的风险要有上限约束原则的履行，现代股份经济制度已有基本的制度设计，投资人以其出资额而承担相应的风险，已形成"保底"的上限约束；问题是，到底投不投、投多少、什么时候投、有什么恰当时机退出投资，这些很具体的问题，又需要既科学又"艺术"地"精算"和设计。

2. 风险分摊的运作方式和形式

公共产品的供给就其市场表现而言，或者说就其供给市场所"感受"的风险程度而言，如果说传统模式下的政府单一采购方式的风险为最大，因为计划管控的产品供给表现，对于市场是"无感觉"即不敏感的，而全市场环境下的企业运作方式风险为最小，因为市场调节的产品供给表现，对于计划又是迟钝甚至"厌恶"的，那么能够使"公"方和"私"方或是计划管控手段和市场调节手段有机结合的 PPP 模式，其具体形式当中，风险大小的基本排序，从大到小是"BTO（建造—移交—运营）→ BOT（建造—运营—移交）→ BOOT（建造—拥有—运营—移交）→ DBFO（设计—建造—融资—运营）→ BOO（建造—拥有—运营）"。很明显，这些形式中都有"O"，即运营。这就是说，运营是这些具体运作形式必不可少的要素。因为只有具体运营才是真正提供公共产品和服务，才能更好地发挥企业效能，才有可能形成长期稳定的合作关系，实现风险分担、利益分享。[①]

在中国特色社会主义市场经济环境下，单一政府采购方式和全市场环境下企业运作方式，这两种情形或状态的表现大有不同。单一政府采购方式固然仍然大量存在，但在其中的投资性支出中（还有一块是消费性支出），"公"方与"私"方合作的情形或状态必趋于更多；全市场环境下企业运作方式即完全市场化的状态，实际上是"虚幻"的，现实中表现出的是计划与市场"混杂"的情形或状态，只是基于不同的时局和发展阶段，计划与市场"混杂"中的成分和比例不同而已。计划与市场"混杂"模式多样，总体是处于"中间风险"状态的，PPP 模式则不失为较理想的可选模式；而这一模式的运作，终会落脚到运作方式和具体运作形式上。具体到高职 PPP 项目或高职产业学院 PPP 项目来看，由于该项目为准公共产品，对应于 PPP 模式的三大类运作方式——外包类、特许经营类、私有化类运作方式，显然私有化类运作方式是不被考虑的，这便可以在外包类、特许经营类运作方式中选择，其中特许经

① 王天义. PPP 对政企关系的界定 [J]. 中国金融，2016（19）.

营类运作方式最为典型。

因此，在进行风险分摊时要根据上述风险大小的基本排序，在风险和收益的权衡中进行具体运作形式的选择。

第二节　高职领域 PPP 模式收益机制运行

鉴于高职领域的非基础教育性质和开放式办学风格，高职领域 PPP 模式机制运行通过进入机制环节，解决门槛问题及吸引力问题之后，就须在过程机制环节中，着力解决持续性建设问题。

由于从高职领域 PPP 模式过程机制中分解出的高职领域 PPP 模式风险分摊和处置机制在其中所处的核心位置，又由于投入必然会对应产出——尽管产出有正产出负产出以及正负产出多少之分，因而在从高职领域 PPP 模式风险分摊和处置机制中又分解出的两个机制中，经由其中的一个机制即高职领域 PPP 模式投入分解机制的运行问题，必然会引出另一个机制即高职领域 PPP 模式收益机制的运行问题。

由此看来，高职领域 PPP 模式建设以进入机制运行解决"进得来"问题和"愿意进"问题之后，就要解决"沉下来"问题，而"沉下来"问题，就要解决"私"方对于高职 PPP 项目或高职产业学院 PPP 项目的预期吸引力以至持续吸引力问题。于是，高职领域 PPP 模式收益机制运行问题就凸显出来。

一、能够成为"公"方合作方而被称为"私"方本身就是高职领域 PPP 模式收益机制运行的一种要求

根据"公私"合作形成的基本组合和派生组合安排框架，企业（无论所有制性质）、非公办学校（无论学校层级，当然以较高层级更优）和社会力量（狭义），都可以作为"私"方而成为"公"方的合作方。但相比学校和社会力量，由于企业对于经济利益和社会效益的权衡最为"纠结"，这里主要以代表性的"私"方即企业为代表进行有关的说明。

（一）"在商言商"是企业的基本行为动机

必须正视的事实是，有意愿、有能力合作建设高职 PPP 项目或高职产业学院 PPP 项目的企业，其行为的基本动机仍然是"在商言商"，即企业是要在以其投资取得合乎预期的经济回报的前提下，才能形成与其担当的相应社会责任的统一。不主要追求合理经济回报的企业，或是"伪企业"，或是承担特定时期政治任务的特殊企业；不追求合理经济回报的企业是社会企业，然而不能不承认，中国现有的社会企业——如果有的话，其经济实力是很有限的，难以担当作为高职 PPP 项目或高职产业学院 PPP 项目的合作企业之大任。

追求合理经济回报，这也是上述高职领域 PPP 模式投入分解机制运行的基本原则所强调的。不计成本投入、不论投资回报的企业，多是贴有"政治或社会责任"标签的企业，要么其经营机制与国（公）有重合或高度吻合，要么其并无多大实力而徒有"职教慈怀之心"，从而都不能算是"公"方理想的合作对象。

（二）"君子爱财，取之有道"是企业基本行为动机的更深层次诠释

由"在商言商"延伸出的另一个问题是"君子爱财，取之有道"。其本义在于，企业在不损害他人和社会的前提下，追求更多的利润是无可厚非的，损人而利己则是不讲商道的。从"在商言商"到"君子爱财，取之有道"，折射的是一个社会的商业伦理观。

那么，这种社会商业伦理观映射于高职领域 PPP 模式建设及其高职领域 PPP 模式收益机制运行，又有一种怎样的表现呢？对于高职 PPP 项目或高职产业学院 PPP 项目建设来讲，合作企业所遵循的"君子爱财，取之有道"准则，是有其基本内涵的。

1. 企业当接受合作项目"盈利而非暴利"的原则性约束

通常看来，PPP 项目建设，以私企或企业为代表的社会资本要接受"盈利而非暴利"的原则性约束。这也是 PPP 项目本身的特异性所决定的。"非

暴利"这一要求表明，当"私"方获得可能超过与"公"方合作的盈利平衡点，而使得"公"方认为"请人代劳"还不如"自己操刀"时，合作的根本基础将不复存在。对于高职 PPP 项目或高职产业学院 PPP 项目——这种社会事业性项目或准公益性项目，这一原则性约束更甚。

在此，适于进行 PPP 项目建设尤其是愿意并且能够进入"硬社会"领域甚至"软社会"领域的企业，一是要有耐性，要能够承受较长时期或长时期无明显经济利益回报的"煎熬"；二是要有实力，能够经受住这种煎熬而"风物长宜放眼量"的企业，其所具有的这种战略定力，本身就是一种实力；三是得有情怀，对于高职 PPP 项目或高职产业学院 PPP 项目而言，这种情怀是一种"立职教精神之德，树大国工匠之人"的情怀。作为职教大国的我国仍然不被认为是职教强国，与拥有这种情怀的企业有限不无关系。当然，这也不能全归因于甚至主要归因于企业，整体社会氛围的形成以致强化难辞其咎。显而易见，能够同时满足有耐性、有实力、有情怀"三有"的企业更是少见。

2."快手"企业和"高手"企业不受这一原则性约束的约束

有耐性的对立面就是急性子。偏爱"短平快"投资项目的，是"快手"；热衷于风险投资、创业投资、天使投资事业的，也是"快手"。不仅如此，他们既钟情"快进快出"，又是"以冒高风险而博取高回报"的"高手"。显然，这些企业由于没有耐性或者足够的耐性，不宜成为包括高职 PPP 项目或高职产业学院 PPP 项目在内的 PPP 项目建设的参与者。

故此，对于高职 PPP 项目或高职产业学院 PPP 项目建设，由于"盈利而非暴利"原则约束而"剔除了""快手"企业和"高手"企业；或者说，"快手"企业和"高手"企业是不受"盈利而非暴利"这一原则性约束的约束的。

3.对有职教情怀的实力型企业要设计其"功成身退"的通道

固然，即使有耐性而无实力，拿不出"真金白银"，那也只是徒有耐性罢了；而即使有耐性又有实力，若对高职事业等教育事业或社会事业了无兴趣，或以投身职教事业之名而行沽名钓誉之实，纵然合作，也是不能产生实质性成效的。

　　然而，问题不止于此，为引入有职教情怀的实力型企业进入高职 PPP 项目或高职产业学院 PPP 项目，使其获得预期的合理经济回报，应事先做好让其适时又适当退出的通道设计。这也是以高职领域 PPP 模式收益机制运行与调适，来表现高职领域 PPP 模式过程机制运行与调适的重要内容，也是高职领域 PPP 模式过程机制运行，连接高职领域 PPP 模式进入机制和高职领域 PPP 模式退出机制的重要表现。

二、高职领域 PPP 模式收益机制运行需要特色商业模式安排

　　如果说高职领域 PPP 模式投入分解机制运行，其重要"职责"是要将股权结构安排予以具体落实，即以投入及其分解的方式而"再现"股权结构安排，那么接下来，为使"私"方进入要聚焦的问题是，如何形成投入—产出的良性循环，即如何建立一套具有职教特色、可实施的商业模式，为那些潜在的合作者，找到预期的、有声誉的、虽无暴利却有稳定收益的赢利模式，使其能够"沉下来"，专心致志合作共赢。否则，这些潜在的合作者就难以转为现实投资者而成为"私"方。

（一）打造高职领域 PPP 模式的特色商业模式

　　商业模式就是一种商业性的整体解决方案，即为实现客户价值最大化，将能使商业组织运行的内外各要素整合起来，形成一个完整的、高效率的、具有独特核心竞争力的运行系统，并通过最优实现形式满足客户需求，实现客户价值，同时使系统达成持续赢利目标的整体解决方案。因而商业模式是一个完整的产品、服务和信息流体系，包括每个参与者和在其中起到的作用，以及每一个参与者的潜在利益和相应的收益来源及其方式。对于诸如高职 PPP 项目或高职产业学院 PPP 项目构成的 SPV 结构这样的准商业组织，打造特色商业模式，如何形成职教性与经济性（商业性）兼容的机制则是关键。

　　作为一种简化的商业逻辑，商业模式的基本元素包括价值主张、消费者

目标群体、分销渠道、客户关系、价值配置、核心能力、合作伙伴网络、成本结构、收入模型九大要素。相比之下，承载高职 PPP 项目或高职产业学院 PPP 项目的 SPV，其若要形成特色商业模式，需在九大要素的表现上体现鲜明特色。

（二）九大要素的特色凝练来自全心聚力的"高职"建设

1. 在价值主张上体现鲜明特色

价值主张是 SPV 以高职—职教服务，向需求者提供的价值，具体而言就是基于高素质技术技能人才培养所彰显的社会效应和经济利益。

需要注意的是，SPV 的价值主张与高职院校学校层面（一级层面）的价值主张，显然是有差异的，后者即高职院校是以培养生产、建设、服务、管理第一线的高素质技术技能人才为己任，秉持以服务为宗旨、以就业为导向、走产学研结合发展道路的办学方针，不应有追求经济利益的办学旨趣；当然，以一定的经济手段来"护航"立德树人的办学根本方向，是在中国特色社会主义市场经济体制和机制环境下的必要选择，与这种办学旨趣还是有区别的。

2. 在消费者目标群体上体现鲜明特色

消费者目标群体即 SPV 所瞄准的消费者群体，这个群体实际上是高素质技术技能人才的需求者，即通常说的用人单位。如果细分这个用人单位，按照行政单位、事业单位、企业单位（社会团体实际是行政事业单位的延伸）三大类单位的划分，高职毕业生大多流向技术技能人才的需求单位——企业单位，尤其是中小微企业。

高职 PPP 项目或高职产业学院 PPP 项目所对应的消费者群体，与普通本科高校尤其是普通重点本科高校的 PPP 项目所对应的消费者群体，是有较大不同的，其主要表现有二：一是有技术技能岗位的明确要求；二是工作或职业门槛偏低或显低。

3. 在分销渠道上体现鲜明特色

分销渠道即 SPV 用来接触这些用人单位即高职院校毕业生接收者的各种

途径。有了 SPV，高职院校即学校向用人单位"推销"其"产品"即毕业生，多了一条路。通过 SPV 这个平台，学校可以向围绕 SPV 的合作者散发毕业生信息，寻求其"产品"接收者。

不仅如此，学校还可以以 SPV 的合作者为轴心，向其各自的紧密和半紧密的联络者辐射这些信息，形成一种外扩效应。

4. 在客户关系上体现鲜明特色

客户关系是 SPV 与其毕业生需求单位间建立的联系。通过 SPV 平台，以高职 PPP 项目或高职产业学院 PPP 项目为媒介，学校与毕业生需求单位或建立战略合作伙伴关系，或建立柔性合作关系，这种"刚柔相济"的合作，为高职教育校企合作、产学结合、产教融合建设开辟了新路径。

这也是以高职领域 PPP 模式收益机制运行以及高职 PPP 项目或高职产业学院 PPP 项目的特色商业模式打造，来彰显和再现高职领域 PPP 模式基本特征——"两个'四个合作'"的良性对接和校企"双主体"办学的生动体现。

5. 在价值配置上体现鲜明特色

价值配置是 SPV 为践行价值主张，应对社会和市场需求所进行的资源配置活动。这种资源配置活动是"公"方与"私"方在 SPV 的框架内联合进行的。"公"方动员和用以配置的资源，主要是人力资本以及教育资源及其背后的政府背景资源，"私"方动员和用以配置的资源，主要是物质资本以及支撑物质资本运转的脉络和通道资源。两者所拥有的优势资源总体上是互补的。这也是其能够合作的根本基础。

问题的关键在于，双方的资源集中于 SPV 之中，一定是各自资源的有效整合，以此才能形成 1+1>2 的整体优势。也就是说，SPV 的架构设计，要能够满足以高职 PPP 项目或高职产业学院 PPP 项目所体现的社会效应和经济效益的有机结合。

6. 在核心能力上体现鲜明特色

核心能力即 SPV 执行其特色商业模式所需要的能力和资格。能力具体表现为由"三力"合力而形成的特色竞争力，也是一种核心竞争力。"三力"即高职院校的办学竞争力、地方政府的行政竞争力、企业的市场竞争力。

这种能力的形成与价值配置是直接相关的。如果"公"方与"私"方所进行的资源配置活动，不能经过整合而形成有效整体，从而也不能形成 SPV 的特色竞争力。这里的资格实际也是能力的另一种表现。

7. 在合作伙伴网络上体现鲜明特色

合作伙伴网络是 SPV 在向社会和市场有效提供高职—职教服务中形成的合作关系网络。合作伙伴网络是分销渠道建设的结果。高职院校"推销"其毕业生给市场和社会，一方面通过合办或主办招聘会等集中方式进行，或让毕业生在指导下，以自我"行销"等分散方式进行。这种集中与分散相结合的方式，是目前学校"推送"毕业生的主流方式。另一方面高职院校可以借力 SPV 平台，通过与以企业为代表的合作者建立的合作伙伴网络，分流一部分毕业生——如通过"订单培养"等方式向合作者定向输送毕业生，从而形成"分销"渠道。

这种方式的优势，一是能够定向安排，合作单位（合作企业）乐于接受其中意的学校毕业生；二是"分销"渠道可以层层外扩，即可以通过合作单位（合作企业）本身的网络外扩。这就像费孝通在《乡土中国》中描述中国乡土社会的结构模型差序格局时所形容的：就像一枚石头扔进宁静的池塘，泛起一圈圈涟漪：涟漪外形酷似一圈圈同心圆，以自己（这里是指合作单位）为中心，一层一层（这里是指合作单位的层层合作者）向外推，向外扩散。

8. 在成本结构上体现鲜明特色

成本结构亦称成本构成，是 SPV 基于上述活动而付出的一种货币描述，是指 SPV 中各项投入和费用所占的比例，或者是各分项成本占总成本的比重。成本结构有两层含义：一是成本要素有哪些，二是这些要素在总成本中所占的比重。

由于高职 PPP 项目或高职产业学院 PPP 项目的类别不同——有纯股权式和实体项目式以及内涵式和外延式之分，人力、原料、土地、机器设备、信息、通路、技术、能源、资金、政商关系、管理素质等这些成本要素，在各类别中的表现和比重是有差异的，如纯股权式高职 PPP 项目或高职产业学院 PPP 项目，对于土地、机器设备、原料等的需求几乎没有或很弱；但无论什么类别的高职 PPP 项目或高职产业学院 PPP 项目，对于人力、信息、通路、技术、能源、资金、政商关系、管理素质要素的需求是恒定的，只是程度有所不同。

由于主要的发展目标的差异——"公"方更看重社会效应而"私"方更重于经济效益，"公"方与"私"方对于成本结构的定位和由此而致的处理方式，还是有所不同的。就显性成本而言，双方付出的货币描述是相对清晰的，因为既然能够货币描述，就可以有账可查；但是隐性成本就不好货币描述了，如机会成本，客观上双方在高职 PPP 项目或高职产业学院 PPP 项目建设上，都会有机会成本，比较而言，"私"方的机会成本更加大或明显，毕竟这是冠以"高职"的职教类或教育类 PPP 项目。由此，SPV 的成本结构设计就具有基础性作用。

9. 在收入模型上体现鲜明特色

收入模型即 SPV 通过各种收入流创造财富的途径，这是由成本结构问题必然引出的问题。

首先，无论什么样的投资项目，其收入模型都得向投资者包括意向投资者回答这样的问题：这个项目的收入来源有哪些？该项目的收入构成是怎样的？以什么方式取得该项目的这些收入？该项目的收入与支出的基本配比如何？其次，对于高职 PPP 项目或高职产业学院 PPP 项目来讲，收入模型还有其自身的特点。一是"私"方为此进行的投资，为"商业投资 + 社会影响力"的"双组合"投资，"私"方获取的不仅仅是商誉，还有"附着"于商誉之上的职教情怀，以及由此彰显出的企业社会责任感；而在当今社会，企业社会责任感无疑是一种能够浸润于商誉的有活性、有温度的投资。二是高职 PPP 项目或高职产业学院 PPP 项目，尤其是其中的实体性项目，尽管冠以"高职"之名但毕竟还是 PPP 项目，因而有着投资—回收周期长、付费模式主要采用"使用者付费 + 可行性缺口补助"方式的显著特点，并且预期收益往往来自该项目建成、投入使用后的现金流量和收益。

关于预期收益形成的这种特点，就涉及"项目融资"这种专门融资方式。显然，项目融资方式直接影响着收入模型建设。以高职 PPP 项目或高职产业学院 PPP 项目去融资，就是通过该项目的期望收益，即通过其现金流量、资产与合同权益去融资。于是，该项目融资就具有有限追索权或者无追索权性质——即融资提供者（通常为债权人）不能追索到除该项目资产以及相关担保资产以外的项目发起人（通常为借款人）的资产，同时常常需要结构严谨而复杂的担保体系，它要求与项目有利害关系的众多单位对债务资金可能发生的风险进行担保。较之传统或通常的融资方式——如银行贷款融资方式，项目融资方式的这种规定性表明：高职 PPP 项目或高职产业学院 PPP 项目作为 PPP 项目，其收入模型构建，与通常的产品生产（服务）经营类项目的"生产—销售"收入模型构建，是有较大不同的。

当然，这些要素关系尽管是由 SPV 直接表现出来的，但其背后的高职院校及其隶属的地方政府，以及其合作者的背景、影响力和社会表现更为重要。

（三）高职领域 PPP 模式收益机制的适应性

打造高职领域 PPP 模式的特色商业模式，必须顾及的问题是高职领域 PPP 模式收益机制的适应性。

PPP 项目的具体运作，通常主要是由收费定价机制、项目投资收益水平、风险分配基本框架、融资和改扩建需求、期满处置等因素决定的。因而适宜采用 PPP 模式的项目应满足这些条件：具有价格调整机制相对灵活、市场化程度相对较高、投资规模相对较大、需求长期稳定等特点。[①]

依照上述 PPP 项目收益机制运行的一般性要求，不妨分析一下高职领域 PPP 模式收益机制运行对此的适应性。

1. 对"投资规模相对较大、需求长期稳定"特点的适应性

从"投资规模相对较大、需求长期稳定"特点来看，由于国家和地区发

---

① 周潇枭. PPP 低签约率三大难题：资金成本谈不拢，易突破财政红线 [N].21 世纪经济报道，2015-05-09.

展对于高素质技术技能人才的持续需求，因而高职领域 PPP 模式收益机制运行，对于"需求长期稳定"特点的适用性是明显的。

尽管高职教育在高等教育系统中更具"经济性"特性，其产业属性也更加凸显，然而高职教育所在的高职领域本质上仍然属于公益性领域（更确切而言是准公益性领域）或社会事业领域，故而高职 PPP 项目或高职产业学院 PPP 项目本身，或可在一定类别内、一定层级上满足"投资规模相对较大"的条件。

在一定类别内指的是大规模或较大规模新建扩建型高职 PPP 项目，亦指大规模或较大规模实体性高职 PPP 项目，因而该类项目总体能够满足"投资规模相对较大"的条件；而更新改造型高职 PPP 项目或纯股权式高职 PPP 项目，由于规模通常偏小，该类项目能否满足"投资规模相对较大"的条件，还要视具体的情形，实际上"投资规模相对较大"本身既有量的界定问题，同时又是有一定弹性的。

在一定层级上主要是从高职院校方面来看的，包括一级层面和二级层面的高职 PPP 项目，因为是大规模或较大规模的项目，主要是指一级层面的高职 PPP 项目。对于高职产业学院 PPP 项目来讲，由于该项目目前多为二级层面高职 PPP 项目中的一种（还有其他的高职 PPP 项目，如高职产学研基地 PPP 项目、高职产教融合 PPP 项目、高职实训基地 PPP 项目等），因而无论是哪种类型的该项目，投资规模都较一级层面的高职 PPP 项目小——纯股权式高职产业学院 PPP 项目投资规模会更小，如此，高职产业学院 PPP 项目对于"投资规模相对较大"条件的适应性会更弱一些。

以上陈述表明，高职领域 PPP 模式收益机制运行对于"投资规模相对较大"特点的适用性，不及对于"需求长期稳定"特点的适用性；其中，有的项目适应性较强，有的项目适应性偏弱，这要视具体情形动态把握并进行调适。

2. 对"价格调整机制相对灵活、市场化程度相对较高"特点的适应性

再从"价格调整机制相对灵活、市场化程度相对较高"特点来看，尽管高职教育较之普通教育或普通高等教育（全日制高等教育系统可以分为普通

高等教育和职业高等教育两大体系）更"经济"一些，但鉴于其教书育人的本性和全日制学历教育的规定性，高职领域 PPP 模式收益机制运行，总体上是不适应"市场化程度相对较高"特点要求的。

正是由于对于"市场化程度相对较高"特点的总体不适应性，高职领域 PPP 模式收益机制运行，也总体不适应"价格调整机制相对灵活"特点的要求。实际上，在社会整体的经济运行当中，价格调整机制相对灵活，是市场化程度相对较高的重要表现和标志；或者说，如果社会经济运行市场化程度相对较高，自是要求价格调整机制相对灵活。回到高职领域中来，公办高职院校合作建设的高职 PPP 项目或高职产业学院 PPP 项目，与社会性的或民营的职教项目仍然有所不同，其本身并无明晰的收费机制。当然，这里有必要将学校本身的价格调整机制与高职 PPP 项目或高职产业学院 PPP 项目本身的价格调整机制分开。从学校本身的价格调整机制来看，这一机制主要是收费机制，即学费收取机制，是学校为维持正常的教学运转、保障学生完成学业而建立的事业性而非投资性的收入来源机制，因而其运行在一定时期内是相对稳定的——一旦确定，非上级行政主管部门决定而不得擅自调整。从这个意义上看，这种学费收取机制是市场需求及其变化与政府行动调节交织作用的结果，也是职教成本、学生家庭的支付能力等现实因素交互影响的结果，从中也能够明显感受到高等教育成本分担理论在高职领域或职教领域的生动应用。

以上论述说明，学校本身的价格调整机制与高职 PPP 项目或高职产业学院 PPP 项目建设需要形成的收费机制，并无直接的关系。就高职 PPP 项目或高职产业学院 PPP 项目本身的价格调整机制来看，其运行由于掺和了"私"方组织——这些本身以市场机制运行的组织，调整机制自是会更多顾及市场需求和表现。正因为如此，对于高职 PPP 项目或高职产业学院 PPP 项目本身的价格调整机制，在学费收取机制之外找到一种新的收费机制或收益机制，是必要也是可能的，这是由作为准公共产品的高职—职教服务产品的特性所决定的。

三、价格调整机制从"学校"到"项目"的转换

上述分析表明, 公共品的定价本身就是一个棘手的问题。公共品定价是 PPP 的核心之一, 地方政府应当提高公共品定价的专业性, 减少社会资本因公共品价格调整而承担的公共品负担。[①]

由于具有"跨界性"或"兼容性", 准公共品的定价会更加牵动多方的"神经"。

（一）高职—职教服务商品化和市场化实际是"半商品化"和"半市场化"

以 PPP 模式提供的高职—职教服务——具体如高职 PPP 项目或高职产业学院 PPP 项目所提供的这种服务, 其定价之难就在于, 既不像能源型公用产品那样, 可以采用阶梯式定价模式, 又不像周期性需求明显即峰谷型公用产品那样, 可以采用峰谷式定价模式, 还有作为准公共产品的双重要求。其实, 无论是阶梯式定价模式还是峰谷式定价模式, 都是基于市场需求变化的应对方案, 但高职—职教服务这样的准公共产品则"欲罢不能"。

首先, 如上所述, 在高职—职教服务受制于政府约束和"统配"的条件下, 实际上是不存在真正意义上的定价问题的, 政府有关部门在虑及市场表现而公示并执行的学校收费价目表, 就是高职—职教服务的定价; 不过, 高职—职教服务既然被定位为产品, 就仍然有一个商品化和市场化的过程, 商品化和市场化的这一过程, 就是这一产品的价格定位完成并实现转让的过程; 不同处在于, 这一产品的商品化和市场化, 只是"半商品化"和"半市场化", 既然只是"半", 其实就不存在严格意义上的"化"的问题。当然, 就像"半城市化"等叫法一样, 高职—职教服务商品化和市场化, 也不妨仍然叫"高职—职教服务'半商品化'和'半市场化'", 这样更符合约定俗成的习惯。至于"半"是不是就是一半, 并无法准确量化, 只是一个粗略的描述。

正因为如此, 指望完全通过这种"半拉子"的高职—职教服务的商品化

---

① 龚强, 张一林, 雷丽衡. 政府与社会资本合作 (PPP): 不完全合约视角下的公共品负担理论 [J]. 经济研究, 2019（4）.

和市场化来解决定价问题，或者说是解决高职领域 PPP 模式收益机制运行问题，是不现实的。这里有一个产品定价或资产估价认定的问题。从基于高职—职教服务的产品定价来看，经济学基本原理告诉我们，完全竞争的产品，其定价通过市场交换即可完成；完全垄断的产品，垄断者自己定价就可以解决问题；难办的正是这种既非完全竞争又非完全垄断的准公共产品。从基于高职—职教服务的资产估价看，对于这种类型的准公共产品——具有有限的非竞争性或有限的非排他性的公共产品，无论从理论建设、法律法规建设来梳理，还是从具体实践来考察，都没有对此做出较成熟或明确的回答，或是拿出较成功的案例。原则上，宜由专业的第三方机构，综合"私"方、"公"方和社会公众的利益诉求，最大限度地保障这种准公共品定价的公平公正，为高职—职教服务、为高职 PPP 项目或高职产业学院 PPP 项目定价提供决策依据，增强"私"方进入高职领域 PPP 模式建设的信心。

（二）有"脑洞大开"的思路才有"另辟蹊径"的行动

解放思想，团结一致向前看。有了"脑洞大开"的思路转变，才有"另辟蹊径"的有效行动。"工夫在诗外"，对于高职 PPP 项目或高职产业学院 PPP 项目本身的价格调整机制，在学费收取机制之外寻求适配的解决方案，便是现实的可行路径。

所谓"另辟蹊径"，即有一个价格调整机制的转换问题，这种转换简言之就是从"学校"到"项目"的转换，其具体表现是：在项目建设模式的建设上，是学校从"自己建设自己"到与合作者共建校企合作、产学结合、产教融合 PPP 项目的转变；在高职—职教服务定价制度的建设上，是从政府管制到政府—市场共治的转变；在项目收益模式的建设上，是学校无建设项目而"一身轻"，只注重收支安排（公立高职院校本身是不应追求经济效益的，故这里不宜称"收益机制"而改称"收支安排"）即可，到合作项目要实现该项目社会效益与经济利益统一的转变。由此生成的转变是，从学校名下的"财政拨款＋使用者（学生）付费"机制，到项目名下的"使用者（学生和其他付费者）付费＋可行性缺口补助"机制的转变，从学校凭其办学者的资格收学费，到其以项目建设者的身份创收益的转变。

（三）价格调整机制的配套制度

在建立健全高职 PPP 项目或高职产业学院 PPP 项目本身的价格调整机制或高职—职教服务收益机制的同时，还要进行包括高职—职教服务在内的公用事业配套改革，尤其是财政补贴制度改革。因为高职 PPP 项目或高职产业学院 PPP 项目建设，采用的"使用者付费 + 可行性缺口补助"收费模式。"公"方在将高职 PPP 项目或高职产业学院 PPP 项目的部分成本和收益的不确定性转移给"私"方的时候，"公"方的实际掌控者政府应对"私"方承接的风险予以恰当的对价补偿，建立合理的政府补偿、财政补贴机制。

与此同时，还要建设和完善公共产品平准和吐纳制度，使公共产品运行成为内外循环顺畅的"活性"系统；还要完善公共产品价格听证制度等。

四、"捆绑式"运作的"套餐"组合是高职领域 PPP 收益机制运行特色商业模式的具体运用

一种新商业模式的出现，意味着一个新商业机会的来临。商业模式创新主要在于系统性的跨界和混搭以使该模式不偏离未来战略方向而获得更好的盈利，追求 PPP 商业模式创新也就是使 PPP 模式更好地运行以及带来最大利益公约数。[①]

对于高职 PPP 项目或高职产业学院 PPP 项目来讲，其特色商业模式建设，或者说高职领域 PPP 模式收益机制运行，其着力点又在哪里呢？

（一）"捆绑式"运作的"套餐"组合是较优且现实的商业模式安排

1. "捆绑式"运作能够补足"适应性缺补"选项

为使难以直接产生现金流从而难以独立形成赢利模式的高职 PPP 项目或高职产业学院 PPP 项目，能够引入"私"方投资者，以践行"使具有公益性特性的高职领域借力于市场机制手段而实现新'官（公）商合营'"的思想，需

[①]　侯汉坡，吴艳丽. 基于复杂适应系统理论的 PPP 商业模式创新设计 [J]. 中国科技论坛，2018（7）.

要引入新的运作方式，来补足和弥合这种项目在高职领域 PPP 模式收益机制运行中，对于 PPP 项目收益机制运行一般性要求的不完全适用性。

以"捆绑式"运作而形成一种"套餐"组合的商业模式设计，由于能够形成可预期、稳定的收益，正是一种较优的"适应性缺补"选项。

2. 这种补足和弥合手段的原则性运作方案

这种补足和弥合手段的原则性运作方案是：以高职 PPP 项目或高职产业学院 PPP 项目建设以社会效益为主兼顾经济利益的追求为基本原则，基于高职—职教服务过程中成本结构优化和效益—利益提升的通盘考虑，将该项目和与此有关联的收益性项目进行"捆绑"，这是一种"关联性捆绑"；或将该项目的设计、建造、融资、运营、维护、保障各环节进行"捆绑"，这是一种"环节性捆绑"。"环节性捆绑"会形成该项目的"设计—建造—融资—运营—维护—保障"链。

无论是"关联性捆绑"还是"环节性捆绑"，都会生成"主产品"和"副产品"互补的"套餐"组合，"主产品"是高职—职教服务本身，而"副产品"则是由"主产品"衍生的其他项目开发系统，或由"主产品"附带生发的商业性服务系统，如与"主产品"配套的各种服务设施及其维护、保障体系。

值得注意的是，有些地方政府欲通过以公共交通为导向的开发模式即 TOD 模式，将 PPP 项目尤其是交通类 PPP 项目建设和运营，与周边或沿线及站点周边的土地和物业开发结合，以此带动周边土地、物业的增值，以土地、物业的开发收益弥补 PPP 项目收益的不足。高职 PPP 项目或高职产业学院 PPP 项目建设不妨从中得到启发，但要密切关注土地管理政策特别是关于经营性用地出让、宗地捆绑出让以及土地出让收入管理等动态。

3. 从政府一体化购买服务到公司"一揽子"建设运营服务——以固安产业新城 PPP 项目为例

实践中这种"捆绑式"运作不乏好的案例，固安产业新城 PPP 项目就是一例。固安产业新城入选国家发改委 PPP 项目案例；华夏幸福固安 PPP 资产支持专项计划获准发行，作为首批 PPP 项目资产证券化正式落地。从案例入选到 PPP 项目资产证券化实现，这些都是明证。

固安产业新城 PPP 项目的可圈可点之处在于，通过该项目实现了固安县政府一体化购买服务与华夏幸福（SPV）"一揽子"建设运营服务的有机融合——"服务与服务"融合，在"产业运营是核心、城市建设是基础、企业经营是保障、服务优质是根本""四位一体"建设上，表现抢眼。

（1）固安产业新城 PPP 项目概况

固安工业园区地处河北省廊坊市固安县，与北京大兴区隔永定河相望，距天安门正南 50 公里，园区总面积 34.68 平方公里，为省级工业园区。2002年，固安县人民政府决定采用市场机制引入战略合作者，投资、开发、建设、运营固安工业园区。通过公开竞标，固安县政府与华夏幸福正式确立了以 PPP 模式建立的战略合作伙伴关系，华夏幸福即华夏幸福基业股份有限公司，为国内领先的产业新城运营商。根据中国指数研究院发布的"中国产业新城运营商综合实力 TOP10"显示，华夏幸福基业股份有限公司连续几年居首。

按照工业园区建设和新型城镇化的总体要求，以"政府主导、企业运作、合作共赢"为理念，由固安县政府采购华夏幸福基于产业新城的"设计—投资—建设—运营"一体化服务，打造"产业高度聚集、城市功能完善、生态环境优美"的产业新城。

（2）固安产业新城 PPP 项目运作特点

一是体制运作顺畅。固安工业园区在方案设计上，借鉴了英国道克兰港口新城和韩国松岛新城等国际经典 PPP 模式项目案例的主要经验。固安县政府与华夏幸福签订排他性的特许经营协议，设立三浦威特园区建设发展有限公司（以下简称三浦威特）为 SPV，作为双方合作的项目公司。固安县政府将特许经营权授予三浦威特，双方形成长期稳定的合作关系。SPV 即三浦威特作为华夏幸福的全资公司，其注册资本金和项目开发资金，由华夏幸福注入和投入。SPV 作为投资主体和开发主体，负责固安工业园区的设计、投资、建设、运营、维护一体化运作，提供包括规划设计、土地整理、基础设施建设、公共配套建设、产业发展以及综合运营六大领域的"一揽子"公共服务，着力打造区域品牌；SPV 还是融资主体，负责固安工业园区的初期投入资金垫付和项目融资。固安工业园区管委会履行政府职能，负责重大事项决策、规范标准制定、政策支持、基础设施及公共服务价格和质量监管等工作，以保障公共利益。

二是以"产城融合"实现整体开发和"一揽子"服务。"产城融合"是相对于"产城分离"的一种发展思路和行动方略。这是为了避免重蹈"产城分离"尴尬和恶果的覆辙。城市若无产业支撑，即便再漂亮也是"空城"；产业如无城市依托，即便再高端也是"空转"。"产城融合"的要旨在于：产业与城市功能融合、空间整合；以产促城又以城兴产，以至产城融合；要义就是产与城的"捆绑"。

固安工业园区新型城镇化 PPP 模式，为基础设施和公用设施领域的整体式外包合作建设模式，形成的是"产城融合"的整体开发机制，提供了园区开发建设以至区域经济发展的综合解决方案。第一，政府一体化购买服务能够增效减负。固安县政府购买华夏幸福提供的"一揽子"建设和运营服务，这种整体式外包运作的"增效"之功，在于避免了因投资主体多而造成的投资和运营成本增加；其"减负"之功，在于减少了分散投资以致委托—代理的违约风险。第二，"产城融合"整体开发机制，能够构建建设性平台。在"产城融合"整体开发机制下，以固安县政府和华夏幸福为代表的合作方，构建了从"一事一议"转为以 PPP 模式为平台的协商制度，减少了制度性成本，提高了"以产促城、以城兴产"的质量和效率。第三，"一揽子"建设和运营服务方案能够解"三难"。即这种方案以市场化手段解园区建设资金筹措之难，以专业化招商解区域经济发展之难，以全链条创新生态体系解园区转型升级之难，使兼具产业基地和城市功能的园区成为新型城镇化建设的重要载体。

（3）收益机制建设经验可资借鉴

固安产业新城 PPP 项目建设在收益回报上是明晰的，在风险分担上是明确的。固安县政府与华夏幸福合作的收益回报模式，是使用者付费和政府付费相结合。固安县政府对华夏幸福的基础设施建设和土地开发投资，按成本加成方式给予 110% 补偿；对于华夏幸福提供的外包服务，按约定比例支付相应费用。两项费用作为企业回报，上限不高于园区财政收入增量的企业分享部分。若财政收入不增加，则企业无利润回报，不形成政府债务。华夏幸福等社会资本利润回报以固安工业园区增量财政收入为基础，县政府不承担债务和经营风险。华夏幸福以固安工业园区整体经营效果回收成本，获取企业盈利，同时承担政策、经营和债务等风险。

如此，借力于"产城融合"整体开发机制，该 PPP 项目建设综合"打包"了民生子项目、商业子项目和产业子项目，这既可防公益性项目不被合作方关注之虞，也可免除盈利性项目又被合作方追逐之弊。

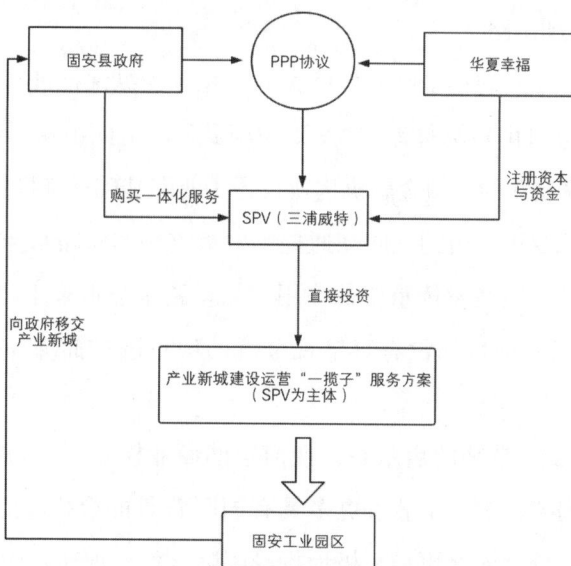

图 5-1 固安工业园区 PPP 项目收益机制运行

（二）"安哥拉模式"提供了关于"捆绑式"运作和"套餐"组合的经验指引

"捆绑式"运作的"套餐"组合，可以说是吸取了"安哥拉模式"的精髓。

2002 年，刚结束了内战的安哥拉，无法得到西方国家的重建资金。中国雪中送炭，带去资金和项目换回能源，开启了一段长达十几年的中非"姻缘"。中国在安哥拉没有抵押品和还款来源的情况下，约定用未来开采的石油支付债务，以此启动安哥拉重建。此后，刚果（金）、赞比亚、苏丹、尼日利亚等国，也相继与中国有关组织（如进出口银行等）签署石油等资源产品担保协议。这种做法被统称为"安哥拉模式"。我国在国际产能合作（主要是中国援建非洲的合作）中创建的这种模式，名为"以资源交换基础设施的易货交易"，实为一种基于"战略资源—资金和项目"的互惠合作，即以这些非洲国家丰裕但"束之高阁"的资源为担保，而"捆绑"中国带去的能够直接启动这些基础技术开发和基础设施建设的资金及其形成的项目。由于开采、运输等基础技术和设施的匮乏而无法产生现时现金流的资源，为丰裕但"束之高阁"的资源找到出路。

如今，国内外发展环境已发生巨大的变化。为纵深推进国际合作，建立新的双边和多边自由贸易体系，"安哥拉模式"也由此被赋予新的内涵。如此，由中国倡议设立的多边金融机构亚投行（亚洲基础设施投资银行）、致力于为中国与国际双边多边的互联互通提供融资支持的丝路基金（丝路基金有限责任公司）等，正在发挥重要的作用。如丝路基金拟采用"安哥拉模式"，把有直接现金流的项目和没有直接现金流的项目进行捆绑、整合，综合还款。①

"安哥拉模式"带来的启示是，在商定的商业模式下，高职领域 PPP 模式建设如果能够"捆绑"并融入更多具有国际背景的合作"元素"和合作资源，中国高职院校就能够更加积极地投身国际合作，加速高职教育国际化的进程。

（三）"捆绑式"运作和"套餐"组合的制度经济学解读

以"捆绑式"运作而形成一种关于公共品或准公共品（准公益品）的"套餐"组合服务，在实践上是实施有效的，有案例可资借鉴，有经验作为指

---

① 张霞. 丝路基金起航 [N]. 南方周末，2015-03-20.

引；不仅如此，其在理论上也是有据可循的。这可以从制度经济学解读中找寻理据的"足迹"。

1. 从"诱饵"和"搭卖"创见到"灯塔"案例阐释

其实，这种"捆绑式"运作以及由此形成的"套餐"组合，本质上是将公共物品供给与私人物品供给"捆绑"的思路，并由此被演化为两种物品"捆绑"供给的制度安排。从提出这一思路，到"诱饵"和"搭卖"创见的提出，再到"灯塔"案例的阐释，一些产权经济学和制度经济学大家为后续研究和实践提供了理论指引，也是高职领域 PPP 模式建设的重要借鉴。

德姆塞茨（Demsetz）被认为最早提出了这种思路。1964 年，德姆塞茨提出将公共物品与私人物品"捆绑"，能够吸引私人提供具有排他性的公共物品。1965 年，奥尔森（Olson）则提出以具有竞争性和排他性的私人物品作为"选择性激励"的诱饵，来促使私人物品和公共物品的联合供给或"搭卖"。1974 年，科斯（Coase）发表的《经济学的灯塔》一文，是关于公共物品与私人物品"捆绑"供给的经典分析。该文通过对英国灯塔供应现实的分析提出了公共物品私人供给的观点。[①] 这一观点是对庇古（Pigou）主张灯塔难以向船只收费的反对性回应。1938 年，以分析私人资本与社会资本的分离而支持政府干预的经济学家庇古以灯塔为例说明，由于在技术上难以向船只收取费用，政府建造灯塔这一类产品是必须的。[②] 科斯的分析使人们认识到，有可被看作是私人物品的港口或泊位，就可以对使用灯塔的船只收费。不过，灯塔由私人建造和收费的局面维持了一段时间后，由于收费过高，加之那些不经过港口的船只仍然搭了灯塔的"便车"，灯塔的私人建造和收费权还是被政府回购了。

这就反映了公共物品私人供给的一个悖论：公共物品由政府独家供应，难免会出现"公地悲剧"，但若不处理好政府规制和市场机制的合理边界，任

---

① 高希宁，董金阳. 公共物品的产权鉴定、效率分析以及合理安排——读科斯《经济学中的灯塔》中对"公共物品问题"的理解与扩展 [J]. 消费导刊，2009（21）.

② 许彬. 公共经济学导论——以公共产品为中心的一种研究 [M]. 哈尔滨：黑龙江人民出版社，2003.

由私人供给作为，又难免会出现对公共利益的侵害。这也是以"捆绑"问题的制度经济学分析，对第一章关于"理论追寻"问题的再呼应。

2. 建造—运营"捆绑"实是对收益的贯通式追问

2016 年，诺贝尔经济学奖获得者哈特（Hart）基于不完全契约理论，论证了项目建造和运营的两个环节。他认为，建造效果不能而运营效果能够有效评估和监测的项目，其建设适合采用 PPP 模式，即建造与运营"捆绑"合作的模式。

个中原因在于，鉴于该项目的建造效果不能有效评估和监测，一些潜在进入者（投资者）恐难成为现实进入者（投资者）；有些潜在进入者（投资者）即使"转正"，由于对该项目的预期收益没有乐观的期待，以致缺乏甚至丧失提高项目建设质量的信心。为避免由此造成的公共服务质量的降低，将能够有效评估和监测的运营环节"拉"进来而"糅"于其中，就给这些进入者（投资者）以明确预期——进来吧，这是有利可图的。

这些进入者（投资者）与原建设者的"捆绑""看起来"是这一群人与那一群人在合作，实际上人人合作的背后，是建造与运营的"捆绑"，是从建造—运营"捆绑"出发而必然引发的关于收益的贯通式追问。

当然，对于运营效果不能而建造效果能够有效评估和监测的项目，哈特又提出，其建设适合采用将建造和运营分开的市场交易模式。市场交易模式是对应于西方市场经济语境的，即我们所称的"私有化方式"。简单地讲，对于这些运营前景不明的项目，其前景就交由市场自身去解决吧。

第六章
高职领域 PPP 模式退出机制运行：通道与安排

CHAPTER 6

要实现"两个'四个合作'"的有效对接，即以高职领域 PPP 模式建设进而以持续的合作机制建设为契机，来形成高职院校持续的发展机制，必须解决两大基本问题和一个重要问题。两大基本问题，一是"私"方"进得去""愿意进"的问题，二是"私"方"出得来"的问题；前者的解决需要畅通无碍的进入机制作保障，后者的解决需要顺畅无阻的退出机制作保障。一个重要问题，是合作中的"公"方和"私"方能够"转得动"的问题，这需要衔接自如的过程机制作保障。

由于"进入机制—过程机制—退出机制"是高职领域 PPP 模式机制运行完整而连续的链条，要进必要求出，要出又必先进，而进出必有接（衔接），因而进、出、接三者之间要通盘考虑，统筹规划，即要进行"进入—退出"机制运行设计。如果说进入机制运行问题作为前置问题，是基本前提，过程机制运行问题是接续性问题，是重要支撑，那么退出机制运行问题作为后置问题，则是根本保障。故此，后期保障建设成为高职领域 PPP 模式退出机制运行的中心议题。

本书是从 PPP 模式蕴含的基本理论和奠定的实践基础出发，基于高职领域 PPP 模式建设趋利性价值取向和公益性价值导向兼具的基本特征，来聚焦"进入—退出"机制研究的。故此，在最后的环节，讨论高职领域 PPP 模式退出机制运行及其通道与安排问题顺理成章。

第一节　高职领域 PPP 模式退出机制运行的通道

一、退出通道安排是"进入—退出"机制运行的保障性制度设计

高职领域 PPP 模式"进入—退出"机制运行，奠基于产权经济学和制度经济学等基本理论，其实质性推进，则取决于进入环节与退出环节的通道安排，以及两者之间的衔接安排。

该机制在退出通道的安排上，着力点是为"私"方找到适时、合规而便利的"出口"，为其铺就资产"变现"之途，即基于现有政策和法律法规框架，以及对于未来政策和法律法规的预判，为"私"方设计现时可操作、中长期可把控的退出通道。

（一）改变 PPP 制度设计中"重准入轻退出"的现象势在必行

1. 进入 PPP 项目的产业资本比金融资本的退出更复杂

"私"方投入 PPP 项目的资金所转化成的产业资本，其退出问题较金融资本退出问题更为复杂。一方面，这有其合理性，让产业资本在形成产出之前"停留"一定的时间，对项目建设质量有一定的保障作用；另一方面，如果"停留"的时间过长，达到产业资本所有者难以忍受的程度，或者产业资本所有者对于"停留"时间长而带来的预期不明朗、不乐观，产业资本的适时退出就显得更加迫切了。

为此，对于产业资本退出问题，既要实施严密监管，同时又要有好的制度设计，让这些产业资本所有者能够专注于 PPP 项目质量的建设；同时，完善的 PPP 退出机制，能够使产业资本所有者在交易市场中合规合理地转移风险，以解其后顾之忧。当然，这个所谓的转移风险，并非集中转移的，而是通过市场交易机制加以分解而化解的。"以解其后顾之忧"还体现在，PPP 退出机制由于加强了 PPP 项目的可投资性，使得相关建设方尤其是"私"方更关注该项目本身的品质，而不是依赖于政府"兜底"等担保。

随着 PPP 模式建设上升为国家战略，建立全国统一、合规、专业、高效的 PPP 资产交易平台和综合服务平台，构建统一规范、公开透明的 PPP 大市场，就成为 PPP 模式建设战略推进的重要举措。

2. 进入 PPP 项目的产业资本退出通道建设已进入重要的行动议程

现有的（当时的）PPP 政策体系相对重准入保障、轻退出安排，对社会资本方退出机制的安排，偏重非正常情形下的临时接管，对正常情形下社会资本方的退出方面，规范和细化较少，PPP 退出机制不够完善成为制约社会资本参与的重要因素。[①] 在 PPP 市场建设的前期和早期，出现这种情形也是正常的。

好在 PPP 二级市场建设自 2017 年起已正式起步。2017 年 2 月 28 日，首家全国性 PPP 资产交易平台——天金所 PPP 资产交易和管理平台在天津成立。该平台由财政部政府和社会资本合作中心与天津金融资产交易所合作共建，基于 PPP 项目"发起—融资—建设—运营—退出"生态链建设，以 PPP 咨询、规划、招投标、项目监管评价等"一揽子"解决方案，为 PPP 项目相关方提供 PPP 项目资源对接和资产交易转让服务。同年 3 月 1 日，财政部政府和社会资本合作中心又与上海联合产权交易所合作成立上海联合产权交易所 PPP 资产交易中心，作为该中心指导下的 PPP 资产交易流转试点平台。

（二）高职领域 PPP 模式退出机制运行要跟上"先遣部队"步伐尚需时日

进入 PPP 项目的产业资本，一旦"涂抹"上"高职"或"职教"色彩，其退出过程将更加纷纭。

高职领域 PPP 模式"进入—退出"机制运行，是要受到整体经济社会运行环境以及规制建设框架制约的。对于 PPP 项目来讲——包括高职 PPP 项目或高职产业学院 PPP 项目在内，对其可融资性问题已有普遍共识，而随着融资性建设的深入推进及其引发的更多问题——特别是资产流动性需求的凸

---

① 朱振鑫，杨晓，杨芹芹. PPP 落地的政策推手 [J]. 财经国家周刊，2016（23）.

显，其可交易性就成为非常重要的考量维度。原因在于，一方面，PPP 二级市场的发展根基是 PPP 一级市场；另一方面，活跃的 PPP 二级市场又能助力 PPP 一级市场健康前行。只有进退畅通，才能激发"私"方在不同阶段参与 PPP 业务，使得 PPP 项目的价值发现和变现等更加真实和活跃。

相比经营性领域或"硬经济"领域，处于准经营性领域或"硬社会"领域的高职 PPP 项目或高职产业学院 PPP 项目，其一级市场尤其是二级市场建设要迟滞一些。这当然是基于先易后难、先经营性领域后其他领域的基本考量，也顾及了高职领域的特殊性，但无论如何，高职领域 PPP 模式退出机制运行建设，总是会一步一步往前走的。

二、最主要的 PPP 项目退出通道: 股权转让

高职 PPP 项目或高职产业学院 PPP 项目退出通道安排，要在各通道利弊辨析和可操作的前瞻考量中，重点考察该项目对于高职领域或职教领域的适应性。由于高职领域或职教领域的特殊性以及该领域 PPP 项目建设的相对滞后性，以下关于 PPP 项目的通用性退出通道可资借鉴。

(一)既"人性"又理性的"礼遇"就是适时、合规又便利的退出通道

在 PPP 模式的三大类运作方式中，私有化类不适合我国当前国情，外包类并不典型，只有特许经营类最"好"用，且占比最高——15 种具体运作形式中有 8 种，占比达 53%；还有，在 PPP 模式的特许经营类运作方式中，带"O"即带"移交"的有 7 种，占比高达 87%。之所以在"建造—运营—移交""建造—租赁—运营—移交""建造—拥有—运营—移交""建造—租赁—移交""转让—运营—移交""改建(重构)—运营—移交"以及"建造—移交—运营"这些具体运作形式中，单独拿出"移交"，在于这些形式对于"私"方或社会资本或产业资本的所有者而言，都是以"到期移交"的方式，来实现对 PPP 项目的退出的。比较"建造—运营—移交"和"建造—移交—运营"这两种形式，虽然一个是先运营后移交，一个是先移交后运营，但都是要"办"移交的。

不能不注意到，除了"建造—移交—运营"形式是先移交后运营外，其他形式都是将移交"放"在最后的。这表明，"私"方或社会资本或产业资本的所有者，在其中要"待"到该 PPP 项目整个运营期结束——可能高达 30 年甚至更长。如果资本流动性严重不足，这对于他们来说，是难以承受之重——即使是对于其中的有耐性者。为防止"私"方或社会资本或产业资本的所有者"金蝉脱壳"，设置一个时限不等的"锁定期"，固然有一定的合理性，但无意间也会对他们造成伤害。此时，适时、合规而便利的退出通道安排，就是给他们既"人性"又理性的"礼遇"。

（二）区别对待 PPP 项目的非正常和正常退出通道

非正常条件下的退出通道，包括"私"方或社会资本或产业资本所有者中途违约毁约、破产消亡，还包括由于种种原因造成的项目停滞或"烂尾"，以及政府方违约和政府方选择终止（如征地拆迁延误、政府人事变动）等。鉴于可能存在的中途"退场"情形——尽管是特殊情形，必须事先并动态考量 PPP 项目的全生命周期合作关系状态，并做好相应的预案；还要做好中途退出前的清产核资、审计评估、资产处理、后续建设等善后工作。

若排除非正常条件下的退出通道，PPP 项目最常用的退出通道是股权转让。广义的股权退出通道包括股权转让通道和减资退出通道。由于减资退出通道受到融资条件、固定资产投资最低资本金比例要求等的限制，实践中适用范围较小，应用也较少。如此，所讨论的 PPP 项目股权转让退出通道，是不包括减资退出这一情形的。

PPP 项目股权转让退出通道，有挂牌交易、股权回购、资产证券化，其中挂牌交易包括证券交易所主板公开上市、全国性和地方性交易平台股权买卖。对于 PPP 项目的正常退出通道安排，应根据挂牌交易、股权回购和资产证券化这些具体通道的相关要求，依法依规实施，其基本的也是根本的前提是，PPP 项目资产的产权是明晰的。无论采用哪种通道，都有赖于项目运行中治理结构的制度建设，其要点是如何以股份制或混合所有制形式来清晰界定"公"方、"私"方等相关利益者的产权。因此，形成良性运转的治理结构，是退出通道安排以至整个项目成功实施的要件。

三、PPP 项目股权转让退出通道比较

（一）挂牌交易是便捷度高且"参差度"也高的通道

1. 证券交易所主板上市是成熟度最高的通道

证券交易所主板上市通道，是指以股份有限公司规范运作、业绩达到规定的要求、符合其他条件的 PPP 项目公司（SPV），在证券交易所面向非特定社会公众公开发行股票的通道。该通道在满足项目公司（SPV）后续资金需求的同时，也为投资者带来可观的回报。

本通道是 PPP 项目退出通道中回报率最高的，但这需要配之以健全的资本市场体系。目前来看，由于项目公司（SPV）存续的有限性——至少从存续的时间上看，以及相关配套制度跟进的滞后性，这一通道建设还需要一个过程。

2. 全国性和地方性交易平台是重要的补充通道

目前已有了针对 PPP 产权交易的全国性专门平台，天金所 PPP 资产交易和管理平台和上海联合产权交易所 PPP 资产交易中心的正式运行，为 PPP 项目股权买卖打造了两大通道。

地方性的产权交易组织，诸如地方产权交易所、地方产权交易中心等，尽管不是关于 PPP 的专门交易平台，也可以"混杂使用"。之所以有的 PPP 项目进入（本）地方产权交易平台交易，主要在于地方政府以及各主要利益方对于交易可把控，进而操作相对简便，如适于进行定向转让、回购转让、并购转让等。其最大弊端是由于各自为阵，市场分割，通用性即交易的全国有效性较低——"地方粮票"其他地方未必承认，因而交易层级较低。因此，如何协调全国性市场与区域性市场的关系，是一个现实难题。类似全国性和地方性交易平台还有 PPP 交易所、PPP 金融资产交易平台、PPP 互联网服务平台等。

（二）股权回购是被乐于采用但隐患很大的通道

1. 股权回购已被认定为不具有合法性

股权回购是指 PPP 建设单位在项目结束之后，将其持有的项目公司（SPV）股权转让给地方融资平台或政府指定的运营单位，以收回建设成本并取得收益的方式。股权回购作为建设项目传统的退出通道，也被 PPP 项目所沿用。但国务院办公厅转发的财政部发展改革委人民银行《关于在公共服务领域推广政府和社会资本合作模式指导意见的通知》（国发办〔2015〕42号文）以及财政部发布的《关于进一步做好政府和社会资本合作项目示范工作的通知》（财金〔2015〕57号文），已明令禁止保底承诺、回购安排、明股实债等方式之后，PPP 项目股权转让给地方融资平台的"政府兜底"方式，已被认定为不具有合法性。

2. 股权回购在解地方政府燃眉之急中也埋下越来越沉重的"隐性"负债祸根

然而，上述政策的实际执行并不到位，仍有一些变通或规避的手段。依照此前国务院发布的《关于加强地方政府性债务管理的意见》（国发〔2014〕43号文），地方政府融资平台已从法规上被剥离政府融资功能。2015年1月1日，预算法新规开始执行，切断了隶属于政府的融资平台公司特别是城投公司依靠土地和政府及财政信用融资的渠道，进一步强化了43号文件促进 PPP 模式参与基础设施和公共服务运营的精神。[①] 为此，地方政府融资只有发行地方政府债券和以 PPP 模式融资两个渠道。由于地方政府新增债券供给数量有限，下达的置换债券只能解决到期的存量项目债务问题，地方新增项目形成的大量融资缺口，只能通过 PPP 来填补。[②]

在此，不难发现一些地方政府的"操控身影"。一些地方政府以 PPP 模式名义拿得资金，然后回购由其操控的建设者建好的项目，以让社会资本出局。实际上，这是一种刻意安排甚至蓄意行为——实为假 PPP 模式之名变相

---

① 周哲，秦嘉敏. PPP 资产证券化试水 [J]. 财经，2017（4）.
② 李益民. 如何辨识真正的 PPP[N]. 中国财经报，2016-01-21.

融资。鉴于此，在实施时要注意甄别真假 PPP 项目，防止出现"伪" PPP 项目和"明股实债"行为。"明股实债"被称为"去表业务"，[①] 实际就是一种置换，即对原来用发债方式运作的项目，通过 PPP 模式置换成以政府的公共预算支出操作的项目。由此，政府"悄然"完成去杠杆任务，PPP 模式也成为帮助地方政府"债务去表"的工具。这种方式固然短期可解政府融资、处理债务燃眉之急，但无益于投融资机制的根本转换，以及由此带来的政府治理方式、社会治理机制的变革。

（三）资产证券化是最受青睐的通道

1.PPP 项目资产证券化可循着一般项目资产证券化的通常步骤走

PPP 项目资产证券化的基本步骤，可以按照一般项目资产证券化的通常步骤走，主要包括确定证券化资产与设立 SPV、组建资产池、风险隔离与"真实出售"、信用增级与信用评级、销售交易、后期服务与管理等步骤。当然，在"走"这些步骤过程中，PPP 项目资产证券化是有基于 PPP 项目特点的约束的。

PPP 项目由于具有明确的特许经营权转让和必要的政府补贴特性，往往具有稳定的可预测现金流，资产证券化是 PPP 项目较理想的退出通道。故此，PPP 项目资产证券化问题，将辟专节即本章第二节予以介绍。

2. PPP 项目资产证券化通道的基本设计

对 PPP 项目资产证券化通道的基本设计，其总原则是：遵循资产证券化通道建设运行的基本规律，同时保有自身的特定性要求。

为此，首先是要进行合作载体设计，即要有一个科学合理的载体来承载这个 PPP 项目，这个载体即为特殊目的机构 SPV——具体如产业学院等。资产证券化通俗来说，就是把缺乏流动性但具有可预期现金流收入的资产，通过在资本市场上发行证券出售以获取融资，提高资产的流动性，[②] 即是指将具有稳定未来现金流的非证券化资产集中起来，进行重新组合，据此发行证

---

① 冯禹丁. 两年锐减 1400 亿 重庆大减地方债 [N]. 南方周末，2015-05-21.
② 陆玲. 抢滩资产证券化 [J]. 财经，2015（31）.

券的过程和技术。非证券化资产集中工作包括设立 SPV、非证券化资产证券化——PPP 项目资产已被改造为证券资产、组建资产池三大行动；重新组合工作是进行证券化资产增级和评级；发行证券工作则主要有证券出售、价款支付、证券清偿三个环节。

通过 SPV，可以将各利益方连接起来。PPP 项目资产证券化通道设计的基本路线见图 6-1。

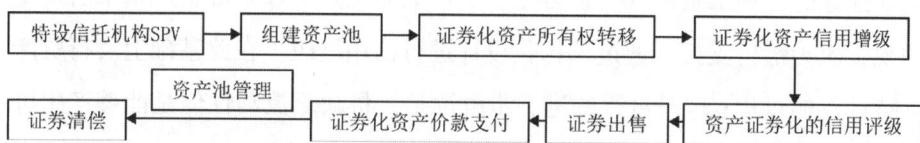

图 6-1　PPP 项目资产证券化通道设计路线

第二节　高职领域 PPP 模式退出机制运行的资产证券化通道

PPP 项目资产证券化通道，由于在 PPP 项目股权转让退出通道中最受青睐，本节就专门讨论之。

就我国而言，2005 年才开始启动真正意义上的资产证券化业务，随后几年加大了信贷资产证券化和企业资产证券化的试点力度，但 2007 年次贷危机后我国资产证券化发展全面停止。2012 年重启了资产证券化的试点工作。[①]资产证券化业务从全面停止到重启，盖因 20 世纪 70 年代初兴起于美国的以（信贷）资产证券化为代表的金融创新活动，遭遇由美国次贷危机引发的、30 年代以来最严重的金融危机的严峻挑战后渐渐修复。

PPP 项目资产证券化通道建设应用于高职领域，而引发的高职领域 PPP 模式退出机制运行的资产证券化通道建设——简言之即高职 PPP 项目资产证券化建设，是在与 PPP 模式建设和资产证券化建设的交织中萌发，并在展现个性中渐渐成长起来的。

---

① 胡海峰，陈世金，王爱萍. 资产证券化的宏观经济效应——基于 CC-LM 模型的实证分析 [J]. 经济学动态，2017（10）.

一、资产证券化研究为高职 PPP 项目资产证券化建设奠定了基础

（一）狭义、通常义和广义的资产证券化及其对应性

1. 从狭义的资产证券化到广义的资产证券化是市场体系建设的趋势和结果

通俗来说，资产证券化是以特定资产组合或特定现金流为支持，发行可交易证券的一种融资形式。换言之，资产证券化是指以基础资产未来所产生的现金流为偿付支持，通过结构化设计进行信用增级，在此基础上发行资产支持证券的过程；这一过程的进一步解读是，将缺乏流动性但是能够产生可预见稳定现金流的资产，通过一定的结构性安排，对资产的风险和收益要素进行分离与重组，进而转换成为在金融市场上可以出售流通的证券的过程。

资产证券化起源于美国的住宅抵押贷款市场，它包括资产支撑的证券化（ABS）和住房抵押贷款支撑的证券化（MBS）。[①] 这一说法明确指出了资产证券化的早期发展情况，但未能表明资产证券化后期的发展情况。在此，通过资产证券化含义的"三义"分析，可清晰地看到这一点。

资产证券化的含义有狭义、通常义和广义之分。狭义的资产证券化指的是将一组流动性较差的资产，通过 SPV 进行结构性重组，由此实施信用增级，以未来可预见的稳定现金流收益为支撑，在金融市场发行证券产品的过程。该"流动性较差的资产"主要指信贷资产或以信贷资产为主的资产。早期的资产证券化产品，是以商业银行房地产按揭贷款为支持的，被称为 MBS，即抵押贷款证券化。为此，早期的资产证券化指的就是信贷资产证券化。

随着可供证券化操作的基础产品的渐渐增多，出现了资产支持证券，即ABS。从 MBS "进化"到 ABS，是金融工程创新应用和金融市场发展所致。这便出现了通常义的资产证券化，即以信贷资产证券化为主并主要包括证券资产证券化的资产证券化。

---

① 何小锋.资产证券化：中国的模式[M].北京：北京大学出版社，2005.

广义的资产证券化指的是将某一资产或资产组合转变为资本市场工具的过程，亦是将某一资产或资产组合采取证券资产这一价值形态的资产运营方式。该"某一资产或资产组合"包括实体资产、证券资产、信贷资产、现金资产及其组合。实体资产证券化是指实体资产向证券资产的转换，是以实物资产和无形资产为基础发行证券并上市的过程。证券资产证券化即证券资产的再证券化过程，就是将证券或证券组合作为基础资产，再以其产生的现金流或与现金流相关的变量为基础发行证券。现金资产证券化是指现金的持有者通过投资将现金转化成证券的过程。

从 ABS 再延伸、演化到实体资产甚至现金资产的证券化，这是整个市场体系构建的结果；然而，这一结果实际又是个"双刃剑"，用好了可以大大促进金融经济和实体经济发展，用歪了可以大大形成并扩散金融风险，从而给实体经济乃至整个国民经济造成重要伤害。

2. 以现时状态和动态变化研判高职 PPP 项目资产证券化的含义

上述资产证券化的狭义、通常义和广义，如何对应于高职 PPP 项目资产证券化或高职产业学院 PPP 项目证券化之义呢？为简便起见，特以"高职 PPP 项目"总代"高职 PPP 项目或高职产业学院 PPP 项目"。换一种说法就是，高职领域 PPP 模式退出机制运行的资产证券化通道，具体为高职 PPP 项目资产证券化，如何对应于资产证券化的狭义、通常义和广义？这不能一概而论，而要看高职 PPP 项目基于基础资产所形成的资产证券化产品的现时状态和变化动态。

根据中国证监会 2014 年颁布的《证券公司及基金管理公司子公司资产证券化业务管理规定（修订稿）》，基础资产可以是企业应收款、租赁债权、信贷资产、信托受益权等财产权利，基础设施、商业物业等不动产财产或不动产收益权，以及被认可的其他财产或财产权利。由此可见，基础资产的涵盖面已经很广。如此，高职 PPP 项目资产证券化的含义，其实是跟着基础资产的现时状态"走"的；其也跟经基础资产"包装"后的资产证券化产品的发行交易结构相关。目前资产证券化产品的发行交易，总体分布于两大市场，即交易所市场与银行间市场，包括高职类在内的教育类资产证券化产品，现为资产支持证券，即以资产支持专项计划的形式出现。

鉴于此，高职 PPP 项目资产证券化的含义，是在结合现时状态中，动态地对应于资产证券化的广义之义的。

（二）资产证券化研究为高职 PPP 项目资产证券化建设做了理论的铺垫

国外资产证券化研究，主要是从资产证券化的历史经验和特征、资产证券化产品创新和发展方向、资产证券化的风险管控、资产证券化评级和监管等方面进行的。资产证券化研究从最初的美欧渐次扩展到了全球，研究的区域和范围越来越广泛。其中的代表性理论成果有：Schwarcz 和 Johnson 的成本诱导论；Hill 和 Iacobucci 以及 Poper 的信息不对称论；Frost 和 Berge 以及 James 的风险隔离论；Skarabot 的优化公司资本结构论。

国内资产证券化研究始于 1992 年，以肖世优、何小锋、高峦等为代表，肖世优的《西方银行业的资产证券化及其影响》被认为是该时期的代表作。资产证券化研究的视角，从初始的 MBS 研究，而渐渐细化为由此而引发的基础资产与资金池构建、信用评级与增级、定价与收益分析、风险分析与控制、法律与规制建设以及资产证券化的宏观经济效应等研究；资产证券化研究也由此从房地产业延伸到不同行业、企业、部门；资产证券化研究采用了历史演进分析法、比较分析法、模型分析法、实证分析法等，方法愈来愈多样。从时间阶段性划分来看，该研究经历了这几个阶段的演化，即从第一阶段（1999 年以前）欧美发达经济体资产证券化介绍性研究，进入第二阶段（1999—2004 年）国际经验移植下国内资产证券化探索性研究，又发展到第三阶段（2005—2007 年）资产证券化理论与实践相得益彰研究，再深入第四阶段（2008—2012 年）资产证券化反思性研究，随后转入第五阶段（2012 年后）资产证券化全面深化研究。

随着 PPP 模式建设的不断推进，资产证券化全面深化研究，也延伸到 PPP 项目资产证券化研究；PPP 项目资产证券化研究，又为社会事业型资产证券化研究带来了契机，从而也为高职 PPP 项目资产证券化研究和实践做了理论上的铺垫。

（三）高职 PPP 项目资产证券化研究是奠基于共性研究的个性研究

1. 高职 PPP 项目资产证券化研究是在指引和交织中体现共性与个性的统一

高职 PPP 项目资产证券化研究是以资产证券化研究和 PPP 项目资产证券化研究为指引，从 PPP 模式基本原理和一般特点出发，在经济领域与职教（教育）领域跨领域的交织中，通过高职领域 PPP 模式个性的挖掘和阐释，经由教育 PPP 项目资产证券化研究而落脚于其中的基本问题阐释和核心难题化解。

基于此，高职 PPP 项目资产证券化研究要从理论、方法、技术角度，深化对证券化过程的资产组合品质、基础资产尽职调查、产品增信与评级、现金流（现有与预期）分析、法律架构等的研判，差异化地进行 SPV 交易结构设计，以致力于"职教—经济—社会"良性生态的构建。

2. 高职 PPP 项目资产证券化研究要着力解决的四大问题

第一，要着力研究 SPV 问题。其中主要是基础资产设定与结构化安排问题。基础资产设定问题，关键是产权归属清晰、独立的、有稳定预期现金流资产的找寻问题。这是 SPV 建设以至高职 PPP 项目资产证券化建设之魂。结构化安排问题是资金池设计、资产"真实出售"和风险隔离问题。这是 SPV 建设以至高职 PPP 项目资产证券化建设之核。

第二，要着力研究评价评估问题。其中主要是结合高职 PPP 项目的特性，研究"物有所值评估—资产评估—项目评级（增信）—产出绩效评价—资产交易定价量化"链问题，需要问答"值多少""能带来多少""能拿出多少"的问题。

第三，要着力研究资产发行与交易问题。其中主要是场内市场或场外市场，如何嵌入教育资源公共服务平台问题。场内市场包括证券交易所市场、银行间债券交易市场（银行间市场）。要研究在目前交易所市场与银行间市场分割和互通状态下的"嵌入"问题。场外市场包括区域或地方金融资产交易所和股权交易中心、互联网金融交易平台、机构间私募产品报价与服务系统等。

第四,要着力研究法律法规政策框架问题。包括职教领域在内的教育领域以至社会领域或(准)公益性领域,有其自身的特点,应有该领域适用的法律法规政策框架。

上述要着力研究的问题,是在"在指引和交织中体现共性与个性的统一"中有序推进的。

二、从教育领域资产证券化建设到高职领域资产证券化建设

(一)教育领域资产证券化建设在审慎中前行

2015 年 11 月,国内首单以学校学费和住宿费收费权为基础资产的 ABS 在上海证券交易所挂牌。该 ABS 是由国海证券股份有限公司担任计划管理人的津桥学院一期资产支持专项计划。2016 年 9 月,同样以民办高校学费和住宿费收入为底层资产(基础资产)的 ABS,在深圳证券交易所挂牌。该 ABS 是由东兴证券股份有限公司担任计划管理人的阳光学院一期资产支持专项计划。不同于前者的是,该产品采取的"信托计划 + 资产支持专项计划"双 SPV 结构设计。这也是国内首单双 SPV 教育类 ABS。这表明,教育领域资产证券化的大幕已经开启。

1.教育领域基础资产的基本构成和补充构成

《证券公司及基金管理公司子公司资产证券化业务管理规定(修订稿)》对于基础资产的界定是,基础资产是指符合法律法规规定,权属明确,可以产生独立、可预测的现金流且可特定化的财产权利或者财产。基础资产可以是单项财产权利或者财产,也可以是多项财产权利或者财产构成的资产组合。

对于教育领域来讲,一般来看,有办学资质的学校,在法律法规和有关政策的框架下,依照核定的招生计划收取一定的费用(主要是学费和住宿

费），由此产生了一定收益，以至形成了可预期的稳定现金流。随着学校事业的发展以及教育产业化的纵深推进（教育产业化固然多有诟病，但其纵深推进则势不可挡），诸如科研收入、线上教学收入、商标权收入、广告收入以及学校延伸服务收入等基本收入（学费和住宿费）以外的收入会陆续出现，这些其他收入也会逐步成为基础资产的组成部分。

由此可见，教育领域基础资产的基本构成为学费和住宿费，基础资产的组成状态，可以是学费这个单一形态，可以是学费和住宿费两者的组合形态，但住宿费一般不构成独立形态，因为住宿费本身还是有限的；教育领域基础资产的补充构成为学费和住宿费以外的其他收入。

2. 教育领域资产证券化往往需要增信建设

教育领域基础资产的优劣势并存，其优势在于，有稳定可预期的现金流，且一般信誉良好；其劣势在于；该领域由于规制性更强而导致基础资产的另类风险——政府有关部门下达关于调整学费或住宿费等收费标准的指令。如此，就需要进行增信安排。

可以由母公司或上级组织提供信用保证。这里要分两种情况，民办教育机构（可以含各层级、各学生年龄段）一般需要其股东方即母公司提供信用保证，但公办高校（九年义务制教育学校不适宜做资产证券化；公办高中教育阶段学校宜审慎行事，故这里也不提）不存在母公司问题，需要其隶属的上级组织教育行政主管部门提出信用保证。如果母公司或上级组织无法或不愿意提供信用保证，可以由具有高信用评级的金融机构（商业银行、保险公司等）提供信用保证。当然，这取决于学校及其管理组织与这些金融机构是否建立以及建立了什么样的合作关系。

另外要强调的是，教育领域资产证券化建设之所以要做增信，就在于基础资产的质量状态不太符合市场的需求；而这恰恰说明需要正本清源，即回到基础资产的质量本身上来。对于基础资产质量的改善，外部增信只是"锦上添花"，"雪中送炭"的只能是提供该基础资产的原始权益人即发起人所溯及的学校自己，指望第三方担保或依赖"兜底人"，迟早会衍生种种风险。

（二）教育领域资产证券化建设之"痛"直接影响高职领域资产证券化建设

1. 教育领域资产证券化存在单一又量少的问题

自 2015 年发行首单教育类 ABS 以来，2016—2017 年我国教育类 ABS 发行进入相对的高潮。其间共有 6 单陆续发行。它们分别是：2016 年续发 2 单，8 月发行了武汉理工大学华夏学院及武汉大学珞珈学校 2016 年信托受益权资产支持专项计划，9 月发行了西部平银宏达学校信托受益权资产支持专项计划；2017 年"一口气"发了 4 单，3 月发行了 2 单，即厦门英才学校信托受益权资产支持专项计划和广州证券二十一世纪国际学校学费信托受益权资产支持专项计划，4 月又发行了 2 单，即西南交大希望学院信托受益权资产支持专项计划和中联前海开源—昆明工业职业技术学院资产支持专项计划。如此密集的发行，与人们所期待的 2017 年 9 月 1 日新修订的《民办教育促进法》正式实施会提供法律保障，有很大的关联。资产证券化已逐渐成为民办教育行业融资的重要渠道。在此，SPV 作为特殊目的载体，承载的是受益权资产支持专项计划。

然而，相对于其他类资产证券化产品新品频出，教育领域资产证券化产品品种仍显单一，基础资产来源也单一，且发行数量偏少。目前教育类 ABS 产品中，局限于以学费、住宿费为基础资产的支持证券。2018 年资产证券化创新点可圈可点，有 57 个首单资产证券化产品新品，如全国首单知识产权供应链 ABS、全国首单产业园区 CMBN、国内首单社区商业物业 CMBS、银行间市场首单景区门票 ABN、国内首单民企长租公寓储架式权益类 REITs 等，但是教育 PPP 项目资产证券化产品——国君资管山东财经大学莱芜校区 PPP 项目资产支持专项计划，作为首单国内高等院校 PPP 资产证券化产品，该 ABS 的具体表现仍为受益权资产支持专项计划。

2. 教育领域资产证券化建设有"痛点"和掣肘

究其原因，这不能不说是教育领域资产证券化建设的"痛点"。主要有四大"痛点"。第一，"痛"在依赖。在教育领域推进资产证券化建设，SPV 的结构设计，或者说基础资产的形成，对于原始权益人即发起人的主体资质的依赖是较强的；正是这种与原始权益人即发起人的经营情况的高相关性，预期现金流就存在一定的波动性。原因在于，基础资产的预期现金流，在很大程度上是依赖于原始权益人即发起人自身的持续"创收力"的；问题是，由于学校的存在或"影子"存在，这种创收能力的持续性往往会受到质疑。这使 SPV 本身所要达到的破产隔离受到影响或威胁。第二，"痛"在资质和规模。教育领域资产证券化建设是实行差异化管理的。目前能够得到政策许可的民办教育机构，其主体资质较弱而难以得到市场的认可。由于国情的差异，我国民办教育机构的整体实力，较之公办教育机构要弱，虽然其更有市场活力。第三，"痛"在规模。鉴于此，这些弱势的民办教育机构的收入规模就显而易见，这使得可预期的现金流，不足以达到资产证券化这种标准化产品建设的规模要求。第四，"痛"在双 SPV 架构。双 SPV 结构设计是基于"双保险"而锁定基础资产预期现金流的。然而，这种"双保险"的背后则是资源配置的强化，是额外的增加资源。这便有一个机会成本的选择问题。还有，双 SPV 结构固然可以完成"非标转标"的目的，但这种创新却有掩盖专项计划法律瑕疵之嫌。如果说通过双 SPV 能够规避分业监管的限制尚属不得已之举，而"非标转标"则纯粹是监管政策套利。[①] 其潜在的风险点是不能不引起关注的。

这是问题的一个方面，民办教育机构资产证券化建设有"痛点"。另一方面，公办教育机构资产证券化建设又有掣肘。公办教育机构尽管总体实力是能够支撑资产证券化产品标准化运行的，然终是限制多多——如目前放行于公立高等教育阶段，资产证券化建设依然属于试水阶段，在摸索中小步前进。证券化本身是一个市场化的逻辑。证券化本身的深度和广度反映了市场化的深度和广度。[②] 教育领域中的民办教育领域和高教领域作为"硬社会"领域，其市场化的深度和广度，会弱于"硬经济"领域或经营性领域，相应领域的证券化建设就会"自受其扰"。

① 郭杰群. 正确看待资产证券化 [J]. 中国金融，2016（6）.
② 王忠民. 资产证券化的逻辑 [J]. 中国金融，2016（11）.

3. 高职领域资产证券化建设状态是教育领域资产证券化建设审慎前行的侧面反映

教育领域资产证券化建设在审慎中前行的这种状态,自会对高职领域资产证券化建设造成重要影响。不能不注意到,目前公开发行的教育领域资产证券化产品中有职教类 ABS,具体为高职类 ABS,并且是公办高校(职)类 ABS,中联前海开源—昆明工业职业技术学院资产支持专项计划,就是目前唯一的公办高校(职)类 ABS。这就从一个侧面反映了目前教育领域资产证券化建设审慎前行的现状。

三、从高教 PPP 项目资产证券化建设到高职 PPP 项目资产证券化建设

不管哪个领域的 PPP 模式的资产证券化建设,都是要落实在项目上的。我国的 PPP 项目资产证券化实践,从私募性质的柜台交易到交易所"上网"公开交易,从"类资产证券化"产品到资产证券化标准化产品,在流动性建设、退出机制建设方面,取得了阶段性的成效。

由于基础资产质量的提升、破产隔离制度的构建、市场流动性的改善、全国统一市场的形成、"最后一公里"难题的破解等方面,PPP 项目资产证券化建设离现实需要还有较大的差距,并且是在时局的变换中踟蹰前行的,受新冠肺炎疫情的影响,国际国内市场整体承压,PPP 项目资产证券化建设正面临考验。

从高教领域看,高校 PPP 项目资产证券化 2018 年才正式开启,而高职 PPP 项目资产证券化建设尚未正式启动。基于此,从教育 PPP 项目资产证券化建设到高职 PPP 项目资产证券化建设,还有一段较长的路要走。

(一)高教 PPP 项目资产证券化建设为高职 PPP 项目资产证券化建设提供借鉴样本

2016 年 12 月,国家发展和改革委员会、中国证券督管理委员会联合印发《关于推进传统基础设施领域政府和社会资本合作(PPP)项目资产证券化

相关工作的通知》，明确 PPP 项目资产证券化的范围和标准。这是 PPP 项目资产证券化建设正式启动的标志。

时隔一年半，首单国内高等院校 PPP 资产证券化产品问世。2018 年 5 月 30 日，由国泰君安证券资产管理有限公司担任管理人和销售机构、莱芜华瑞城投发展有限公司作为原始权益人的首单国内高等院校 PPP 资产证券化——国君资管山东财经大学莱芜校区 PPP 项目资产支持专项计划，在上海证券交易所成功挂牌，开启了全国高等教育系统 PPP 资产证券化的先河。国君资管山东财经大学莱芜校区 PPP 项目资产支持专项计划，以山东财经大学莱芜校区 PPP 项目可用性付费的收费收益权为基础资产，由社会资本方中国核工业华兴建设有限公司与莱芜市政府联手打造。该 PPP 项目资产证券化填补了 PPP 领域国内高等院校 ABS 产品的空白。

高教 PPP 项目资产证券化建设之门的正式开启，为高职 PPP 项目资产证券化建设提供了借鉴的样本。

（二）高职 PPP 项目资产证券化建设尚未实质性推进

高职领域资产证券化建设，以中联前海开源—昆明工业职业技术学院资产支持专项计划为标志，正在进行之中；但高职 PPP 项目资产证券化建设还未见实质性动作。

高职 PPP 项目资产证券化建设有着自身的特性，其一头连着经济另一头连着社会，其成效会对经济社会发展产生波及性、连带性和辐射性的影响。推进高职 PPP 项目资产证券化的二级市场建设，有助于 PPP 生态圈的打造——成为整个 PPP 二级市场的重要组成部分，以及"职教—经济—社会"生态链的构建。但鉴于高职 PPP 项目资产证券化的二级市场建设不仅会涉及特许经营权和产权——特别是教育产权和职教产权，还会涉及项目公司（SPV）股权等性质界定及权利扩张问题，因此必须权衡的是以高职—职教服务所彰显的社会服务理念和能力以及市场运营能力问题，而这一问题又蕴含着经济价值和非经济价值的"度量"和分解问题，颇显繁复。

另外，从事高职事业的高职院校较之普通本科高等院校，其规模普遍要小，进行 PPP 项目资产证券化建设的 SPV 设计，也会受到这种规模的限制。如果实行"捆绑性"建设又会受制于其社会影响力。

这些都表明，高职 PPP 项目资产证券化建设比起高教（普通本科高等教育）PPP 项目资产证券化建设的难度更大。

四、SPV 在资产证券化建设中的特殊作用

（一）SPV 对资产证券化的特殊作用

由于风险隔离的完成，是以原始权益人即发起人将拟证券化资产转移给 SPV，实现资产的"真实销售"作为标志的，在此就不能不提到风险隔离制度的"容器"SPV。可以说，SPV 在资产证券化过程中具有特殊作用，但这种特殊作用并非全是正面的，还有负面的。虽然正面作用还是占主流的，但如果负面作用被忽视或忽略甚至被放大，影响不可小觑。关键是如何做到趋利避害或化害为利。

1. SPV"厚此薄彼"的特殊功能是资产证券化市场建设必须化解的问题

基于"资产证券化就是一个以 SPV 为中心的融资机制"的基本判断，SPV 的关键作用就是：对于原始权益人即发起人来讲，它是一个信用隔离的手段，旨在通过承接符合"真实销售"的资产转移任务，将其购买资产的风险与自身（原始权益人即发起人）隔离开，从而建立"防火墙"。资产的"真实销售"就是证券化资产完成从原始权益人即发起人到 SPV 的转移。这里，"真实销售"亦作为会计处理。

这种转移的法律意义应当是资产真实的权属让渡，目的是保证该证券化资产的独立性——原始权益人即发起人的债权人不得追索该资产，SPV 的债权人也不得追索原始权益人即发起人的其他资产。由此，投资者获得资产的风险与原始权益人即发起人的原始资产的整体风险无关，原始权益人即发起人其他资产的信用风险及其本身的各种风险，都不会影响已证券化的资产和证券化的融资结构，即使原始权益人即发起人破产，这部分资产也不会被当作其资产用于清偿债务。

然而，对于投资者来说，SPV 所发行的证券只是其投资的工具。显然，SPV 就有"厚此薄彼"之嫌。"此"为原始权益人即发起人，"彼"为投资者。

2."柠檬效应"是资产证券化市场建设必须正视的另一个现实问题

问题还在于，在资产证券化交易中，往往存在着一种"柠檬效应"。"柠檬市场"概念是经济学家乔治·阿克洛夫于 1970 年提出来的。作为信息不对称理论的重要组成部分，"柠檬市场"原理的基本内涵是：在次品市场上，由于买卖双方对于质量信息获得的不对称性——卖者清楚而买者不清楚该产品的真实质量，于是卖方可以利用这种信息的不对称性对买方进行欺骗，这就是"隐藏信息"和"隐藏行动"；隐藏信息将产生隐藏行动而导致逆向选择，一是隐藏信息的一方对另一方的利益产生损害，二是市场的优胜劣汰机制发生扭曲，"劣币驱逐良币"现象发生——质量好的产品被挤出市场而质量差的产品留在市场，极端的情况是市场会逐步萎缩直到消失；解决这种逆向选择的办法，就是通过"信号显示"机制，将信号传递给缺乏信息的买方，并诱使卖方披露全面而真实的信息。

在资产证券化交易中，原始权益人即发起人是强者，因其拥有信息优势，投资者是弱者，因其对资产状况知之甚少甚至一无所知。SPV 作为一种"恰当制度"设计，要能够确保公平地对待所有利益相关人尤其是攸关利益者，不仅在于其为原始权益人即发起人提供有效的隔离机制，而且还在于其应该是投资者可以信赖的交易对手——为证券持有人提供一种避免"超负荷识别"和"远期无知"的机制，[1] 使持有人更容易与原始权益人即发起人打交道。

如此，投资人衡量证券的价值，就只需要关注资产池的信息，包括资产的质量、未来现金流的可靠性和稳定性、交易结构的严谨性和有效性等，而不必去过多关注原始权益人即发起人本身的信用；或者说，这使得原始权益人即发起人本身的信用水平被置于相对次要的地位。SPV 如果能切实做到这

---

[1] 陈绪新.以信用为视角解读制度的有效功能及其承诺的伦理价值〔J〕.社会科学研究，2007（1）.

一点，真乃投资者之福音，否则可能就是一个陷阱。

（二）实体合并风险是 SPV 既隔离风险又产生新风险的典型例证

不得不承认，在美国以至全球发展迅猛的资产证券化等金融创新浪潮之中，SPV 是 "重臣"；同样在 2007—2008 年由次贷危机蔓延而酿就的金融危机中，SPV 又是祸首。"水载舟又覆舟" 的历史铁律在 SPV 上得以印证：在 SPV 看似天衣无缝的梦幻设计中，其实一直是暗流涌动。即 SPV 所承载的并赖以生存的风险隔离机制，具有 "双刃" 效应——在隔离一些风险的同时又会带来一些新的风险。实体合并风险就是 SPV 既隔离风险又产生新风险的典型例证。

1. 法律和会计角度审视下的实体合并

实体合并即为实质性合并，从法律角度看，是指由于符合某种条件，SPV 被视为原始权益人即发起人（以下以 "发起人" 代之）的附属机构，其资产和责任在发起人破产时，被归并到发起人的资产和责任当中，被视为一个企业或法人组织的资产和责任。从会计角度看，实体合并是指 SPV 的账户被合并为发起人的账户，原已转让的资产重新回到发起人的资产负债表中，以致发起人难以甚至不可能进行融资的表外处理。故简言之，实体合并风险是指 SPV 可能面临在发起人破产时与其进行资产负债表合并的风险。[①] 实体合并风险可能使得 SPV 通过 "真实销售" 而建立的风险隔离机制失效。

由此看来，实体合并风险就成为 SPV 运作过程中必须面对的难题，从中也凸显 SPV 的缺陷和先天不足。

2. SPV 本应有的独立性实难保障

按照标准·普尔对于 SPV 的标榜——SPV 是一个 "不可能因其自己的行为而导致破产，并且与任何有关当事人的破产充分隔离的实体"，SPV 本为 "五独" 皆备主体，即具有身份（单独注册的法人机构，不是另一法人机构的附属物）、财务、业务、运营和决策的独立性。然而为发起人融资服务的 SPV

---

① 梁志峰，冒艳玲. 会计视角下的资产证券化实体合并风险管理〔J〕. 财经理论与实践，2006（1）.

的这种"初心"，内在地决定了 SPV 天然地要与发起人的利益相一致。这种一致性的表现之一是，SPV 常为发起人的子机构甚至全资子机构，自会听命于发起人的安排。如此，SPV 就会沦为发起人的融资工具而难以"言及其他"。当然，PPP 项目证券化情景下，由于有"私"方的介入，全资子机构的情形尚可避免，SPV 会受到"公"方和"私"方等众多利益相关者的左右。但是，由此又会引发由于利益相关者众多以致"众口难调"的新问题。

由此看来，独立性是资产证券化及 SPV 运作的重要保障。遗憾的是，即使是在资产证券化及 SPV 运作的发源地——美国及其他英美法系国家，也没能够有效解决这一问题，以致成为次贷危机和金融危机的"定时炸弹"。事实上，美国对于 SPV 独立运作和实体合并并没有明确的立法，只是依靠破产法院行使自由裁量权的判断，从而人为带来了 SPV 运作的不确定性。所谓"刺穿公司面纱"就是一个生动的见证。

（三）游走于突破与坚持之间的"刺穿公司面纱"制度既是保护伞又是护身符

1."刺穿公司面纱"及其适用情形

"刺穿公司面纱"揭示的是实体合并的法律本质，是指西方公司法体系对公司法人独立人格的否认，亦是基于特定事由而否认公司法人独立人格，据以配置义务和承担责任的法律制度。"刺穿公司面纱"是以传统的有限责任原则的一些例外为根据，追究母公司的责任。

"刺穿公司面纱"制度主要适用于以下情形：利用公司形态以逃避债务；利用公司的独立人格以获取某种不正当利益；利用公司形态作为实施欺诈行为的工具，以损害社会公共利益或其他人的合法权益；在一人公司中滥用股东地位；母子公司混同的行为；利用"兄弟姊妹"公司损害他人利益；国有独资企业中政府的过度干预行为。

2."两大基石"绝对化所引致的"价值双重性"势必使 SPV 的破产隔离机制被"悬空"

20 世纪初，美国判例法首创了"刺穿公司面纱"这一制度，并成为公司法人格否认法理适用最广泛的国家。美国法院在适用"刺穿公司面纱"制度时，创设了两种测试标准，即独立性测试和不公平测试。前者主要用来测试公司是否被股东当作一种可以不断改变的"自我"而无视其独立性；后者则主要测试公司的资本是否充足。若公司不能通过这两种测试，就有可能被"揭开公司的面纱"。

公司法人人格独立和股东有限责任是现代公司制度的两大基石，但若使其绝对化，势必会呈现出法律的形式主义倾向，以致法人资格和有限责任制度成为外罩于公司的"面纱"，进而引致"价值双重性"——其既可充当奋发进取者的保护伞，又可成为欺诈舞弊者的护身符。在资产证券化运行中，如果 SPV 是发起人的子公司甚至全资子公司，换言之，子公司 SPV 完全受母公司发起人的控制，或债权人始终将这种母子公司作为一个整体看待，并根据公司集团的实力而与其发生经济关系，则法庭可据以推定母公司发起人未尽忠实与谨慎的义务，规制其滥用公司法人独立人格的行为。法庭这种"刺穿公司面纱"的实际作为，则是发起人与 SPV 的财产发生实体合并，SPV 的破产隔离机制由此就被"悬空"。

3. "实体合并说实为衡平法判例说"指导实践的后果是自由裁决空间的放大

法院做出 SPV 与发起人实体合并的裁决，既可来自于《破产法》赋予法官的衡平权力，也可被认为是法院的固有权力，这主要取决于各国的法律传统和立法规定。

实质合并在美国《破产法》中没有明文规定，其效力源于《破产法》第 105（a）条赋予破产法院的概括性的衡平权力。所谓"刺穿公司面纱"的实体合并学说，在美国实为一种衡平法判例学说。《破产法》第 105（a）认为："法庭可以采取任何必要或合适的命令、步骤、判决等方式，执行本条规定。赋予利害关系人依本条规定提起问题的条款均不得解释为阻止法庭采取必要或合适的行动或决定执行法庭的命令或规则，或者防止程序的滥用。"[①] 美国法院由此认为，破产法庭是衡平法庭，只要不滥用权力，它可以做任何需要做的事情。这就给破产法院和法官很大的自由裁决空间。尽管实体合并的本意或宗旨是不损害或保护 SPV 持券人和各方债权人的利益，但实际执行的结果，实体合并往往只是对发起人的债权人等一种衡平法上的补救。由此观之，实体合并在美国完全是"法官造法的产物"。[②] 尽管美国存在运用实体合并的传统，但破产法院并不轻易行使这一权力，而是基于诸多因素的考量，针对个案"对症下药"，即只是在个别情况下对于个案运用这一权力。

这说明，"刺穿公司面纱"而对公司法人独立人格的否认，只是公司法结构中的例外规则，而非一般原则；"刺穿公司面纱"只是对公司人格独立和股东有限责任绝对化的一种矫正，而并非全面否认——不是对公司法人人格全面而永久的否认，其效力范围仅限于个案中特定的关系。通常，公司法人人格在某方面被否认，但在其他方面仍然是一个独立的法人实体。

4. "刺穿公司面纱"对于"发起人—SPV—投资人"利益链的平衡或矫正却在强权面前不堪一击

不难看出，美国等判例法国家由于立法上缺乏判断实体合并的统一规则，使法院的自由裁量对于实体合并的判决具有很大的不确定性，这正是 SPV 运作风险埋下的伏笔；而法院的这种自由裁决，在强大的资本力量面前，终归会有意无意地演化为对于发起人或 SPV 的偏斜甚至偏袒。同时也不难想象，"刺穿公司面纱"旨在仅仅通过个案的司法矫正，来平衡或矫正以"发起人—SPV—投资人"为轴心的各方利益，在强权面前，其使命又是如此的不堪一击。美国这个法治国家的典范，对此所显现的真实面目和实用主义的风格就昭然若揭了。

再说在欧洲大陆的德国，也同样存在对"刺穿公司面纱"原则的执行问题。在德国，公司法人格否认法理被称作"直索"责任。德国法院认为："资合

---

① 潘琪 . 美国破产法 [M]. 北京 : 法律出版社，1999.
② 郭卫华 . "找法"与"造法"——法官适用法律的方法 [M]. 北京 : 法律出版社，2005.

公司的法人性质只有在其使用和整个法律制度的目的不违背的情况下才是值得维护和尊重",但只要能依据相关法律处理问题,则法院很少去"刺穿公司面纱"。总体上说,德国法院并不认为背离分离原则本身足以导致公司法人格否认的发生,他们还要求股东的行为同时违反了善良的风俗和诚实信用原则,法律才有必要否认公司人格,"直索"公司背后的支配股东的财产责任。

5. 本是揭示实体合并法律本质的"刺穿公司面纱"终会倒向做欺诈舞弊者的护身符

由以上分析看来,游走于突破与坚持的"刺穿公司面纱",其最终会沦为"护身符"已是不争的事实。一方面,"刺穿公司面纱"原则,以揭开"面纱"作为公司独立人格和有限责任制度的一种必要补充和突破,已成为大多国家的共识;另一方面,"刺穿公司面纱"的这种突破又是谨慎的,进而是有限的。毕竟公司制度的根基与精髓在于有限责任原则:由法律赋予公司以人格,股东仅以其出资额为限对公司债务承担有限责任。因而法人人格的否认不能普遍化,否则有限责任制度的社会作用将会消失或削弱;并且法人人格否认制度的适用过于宽泛也有悖于法人制度的本意——是补救或增强而不是否定或者削弱法人制度。

然而,正是在这种法理的支撑下,美国法院才有了对"刺穿公司面纱"原则审慎使用的托词;正是有了自由判决的弹性空间,才有了美国法官对SPV 实体合并风险的难以避免的主观把控;正是有了各种既规避风险又创造新风险的精而不密的金融创新活动,也才有了日后由美国"牵一发而动全身"的全球危机。

(四)全面而客观地认知 SPV 这种特殊作用的适应性

应该提请注意的是,SPV 在资产证券化建设的这种特殊作用,在不同的法律制度框架下,在不同的发展阶段,同时在其中不同的社会发展领域,其表现和样态是有不同的。

在我国社会主义初级阶段的现阶段,囿于既存的相关规制,在教育领域或高教领域或职教领域及其子领域——高职领域,SPV 在资产证券化建设中的特殊作用，定会有其个性表现。

五、SPV 的设计对于 PPP 项目资产证券化建设的意义非凡

基于上述关于 SPV 的设计对于资产证券化建设利弊的分析，顺理成章地要从资产证券化建设中的 SPV 设计，回到 PPP 项目资产证券化建设中的 SPV 设计上来。从中不难发现其中的非凡意义；这种非凡意义，不仅在于 SPV 设计在 PPP 项目资产证券化建设中所产生的承载效应，也在于正是由于有了这种承载效应，PPP 项目资产证券化比一般项目资产证券化更加复杂，也更难以把控。

从"特殊作用"到"非凡意义"，是基于这样一个重要转变——从资产证券化建设的 SPV 设计转为基于 PPP 项目资产证券化建设的 SPV 设计，这一转变带来的是理念的转换、实践的提升以至影响的更加深远。

（一）SPV 以"四大结构优化"承载 PPP 项目资产证券化建设

"如果你有一个稳定的现金流，就将它证券化。"这句华尔街谚语直白地点出了资产证券化的要害——目前缺乏流动性而有稳定的未来现金收入的资产是证券化的首要前提。原始权益人即发起人可将这样的资产组成基础资产池，出售给特定的发行人或信托给特定的受托人 SPV，创立以该基础资产产生的现金流为支持的金融工具或权利凭证——资产支持证券，并将其在金融市场出售。作为连接 PPP 项目和资本市场或金融市场的重要桥梁，PPP 项目资产证券化被寄予厚望。

PPP 证券化的实质，是将非标类资产转为可分割、可转让的标准化金融产品。[①] 其一是通过存量结构的优化，盘活 PPP 项目的存量资产，以此获取较理想的流动性溢价；其二是通过期限结构的优化，纠正金融资源与 PPP 项目的期限错配，改善资产的流动性；其三是通过流程结构的优化，强化资信评级、尽职调查、意见出具、挂牌备案或审核等环节监管，提升 PPP 项目质量；其四是通过品种结构的优化，构建充满生机的市场体系。正是由于有了

---

① 葛丰. PPP 证券化有利于规范政企关系 [J]. 中国经济周刊，2017（1）.

这"四大结构优化",PPP 项目资产证券化可以被称为通过 PPP 项目的"结构性融资";"通过 PPP 项目"的重心,则是能够充分体现"四大结构优化"的 SPV 设计。

如此,SPV 通过"四大结构优化"承载着 PPP 项目资产证券化建设。资产证券化的核心是破产隔离,即发起人在法律上将基础资产真实出售给特殊目的载体(SPV)。[①] 对于 PPP 项目资产证券化而言,这样的结构设计更是要做到精巧密致。正是如此,SPV 的结构设计对于 PPP 项目资产证券化建设就具有非凡的意义。SPV 作为风险隔离载体,起着举足轻重的作用。

(二)PPP 项目资产证券化比一般项目资产证券化更为复杂、更难把控

必须注意到的是,资产证券化产品在增加资产流动性与激发市场活力的同时,也会进一步放大原先的系统性风险,而且 PPP 项目的各个阶段情况不同,风险更具有多元化特征。[②]PPP 项目资产证券化较之一般项目资产证券化,情况更为复杂,情形更难把控。

1. PPP 项目资产证券化游离于风险形成与风险隔离之间

建立 PPP 项目资产证券化的风险隔离机制,是通过 SPV 承接符合"真实销售"的资产转移而实现的。可信赖的 SPV 才是"公"方"私"方的福音——对于"私"方尤其如此,旨在隔离风险的 SPV 应是可信赖的交易对手,否则就是于有意无意中埋设的陷阱。

其原因是 SPV 在隔离一些风险的同时可能又会带来一些新风险。作为一种融资方式的 PPP 项目资产证券化,其本身就隐藏着风险;与此同时,作为一种风险管理方法的 PPP 项目资产证券化,其本身又得构建风险隔离机制。于是,PPP 项目资产证券化在风险形成与风险隔离之间游离着。

2. PPP 项目的长运行周期拉长了资产证券化的设计和操作时限

PPP 项目一个显著的特点是建设期—运营期长,运行周期一般为 10~30 年。这一运行周期与一般项目资产证券化运行周期(一般不超过 7 年)相比

---

① 黄嵩. 资产证券化四大制约因素 [J]. 财经,2015(10).
② 张锐. PPP 项目资产证券化的金融视角 [N]. 中国财经报,2017-03-21.

较，后者或者连前者的"起步价"都达不到。

PPP 项目的运行周期分为建设期和运营期两个阶段。建设期是投入期，是"播种季"，资金需持续投入且通常量大，难以甚至无法形成稳定的现金流；准确地说，本阶段是净现金流出阶段。运营期是产出期，是"收获季"，开始产生并渐渐产生可观而稳定的现金流，因而本阶段才是净现金流入阶段。

在此不难明白一个问题，在一般项目资产证券化或 PPP 项目资产证券化运行当中，所谓的"现金流稳定"和"稳定的现金流"，其实是各有含义的，前者更多地指一种要求，后者更多地指这种要求所产生的结果。"现金流稳定"和"稳定的现金流"两者之间的内在关系是：第一，"现金流稳定"和"稳定的现金流"都指的是形成稳定的净现金流入，前者是要形成稳定的净现金流入，后者是已经能够形成稳定的净现金流入；第二，要或已形成稳定的净现金流入，得益于持续的、能够满足实际需求的净现金流出，正所谓没有"播种"哪有"收获"；第三，无论是"现金流稳定"还是"稳定的现金流"，都要强调可观，即有规模，当然这个规模要视具体的 PPP 项目来测算。

基于 PPP 项目建设期—运营期长的显著特点，遵循资产证券化关于现金流稳定的基本要求或根本要求，一般是在 PPP 项目运营期间实施资产证券化的操作。虽然财政部、中国人民银行、中国证监会于 2017 年联合下发的《关于规范开展政府和社会资本合作项目资产证券化有关事宜的通知》中，鼓励项目公司（SPV）积极探索在项目建设期依托 PPP 合作合同约定的未来收益权，发行资产证券化产品，但正是由于在长运行周期中未来收益权的很大不确定性等原因，实际的探索实践仍然是非常谨慎的。

PPP 项目如此长的运行周期，无形中就拉长了资产证券化的设计和操作时限。问题是，PPP 项目及其证券化的风险在建设期就已经"内含"或不同程度存在的，而运营期会凸显或渐渐放大这种风险；随着时间的推移——时间越长，风险出现的概率越大且频率越高，不确定性问题愈发突出，风险也会随之加大。这也是"硬经济"领域以外的 PPP 项目资产证券化业务仍然是小步前行的重要原因。教育领域包括高职领域的现状也是如此,当然同时也有其自身的其他原因。

正是由于有了这么长的建设期—运营期,"私"方为求自保或"公""私"两方为求利益平衡,往往会在 PPP 项目合同中"添加"一些附加的或限制性的条款,如为落实"私"方在 PPP 项目运行周期中的建设和运营责任,对"私"方在 SPV 中的股权设置一个锁定期,即约定在规定的时限内不得转让其股份。这实际上"绑架"了"私"方自由退出的权力。再如,在 PPP 项目合同中强调并落实"公"方尤其是地方政府的"兜底"责任,诸如"明股实债""固定回报""保底承诺""政府隐性担保"等做法或明或暗频频出现而屡禁不止。这实际上"绑架"了"公"方尤其是地方政府的隐性债务风险责任——主要是地方财政风险责任。

这些都使得资产证券化本要求的"真实销售"、风险隔离实操起来有不小困难。如此,实施 PPP 项目资产证券化的"初心"就会引发质疑,其效果也会打上折扣。

3.PPP 项目收益权与运营权相分离的特性使资产证券化操作遭受"分离"的约束和困扰

PPP 模式的运作方式有外包类、特许经营类和私有化类三大类,在我国现实的情境下,私有化类运作方式原则上是不可取的,外包类运作方式成不了"大气候",只有特许经营类运作方式才是主流。在特许经营类运作框架之下,实操中,上面提到的带"O"即"运营"的具体运作形式,各地各时期不同程度在采用;其符号"—"就表明,收益权与运营权是相分离的。

问题是,在实际的 PPP 项目资产证券化中,以收益权为基础资产进行证券化,其本质就是收益权的资产证券化。[①]这原则在一定程度上保障了原始权益人即发起人的权益,但是分离中的经营人的正当权益如何保障呢?上文提到的 SPV 设计的"厚此(原始权益人,即发起人)薄彼("私"方投资人)"

---

① 王经绫,李帆,闫嘉韬. PPP 项目证券化特征 [J]. 中国金融,2018(3).

之嫌，对于 PPP 项目资产证券化表现会更甚。

当然，PPP 项目合同会对各利益相关人的权益做出规定，但这毕竟是给定的前提——经营权拥有人与收益权拥有人之间是分离的。这种分离固然有其必然性和合理性，但其中会在不同程度、不同时段出现诸如委托—代理中通常出现的问题，正如"柠檬效应"所出现的"隐藏信息"和"隐藏行动"问题一样；"—"越多，则链条越长，中间环节愈多，政策空间就越大，"柠檬效应"就越大，以致约束和困扰会随之增加。如"建设—拥有—运营—补贴—移交"（BOOST），也是带"O"即"运营"的具体运作形式，应用却偏少，链条太长就是重要原因。

对于高职 PPP 项目资产证券化建设来讲，这些形式实际是公办托管、国（公）有民办、民办公助以及租赁托管等特许经营方式，在高职领域的实践应用或延展。由于这些"移交"形式各显优劣并各有适应性，需结合制度环境，并特别关注它们对于高职 PPP 项目等公益性 PPP 项目的适用性，在博弈中达成其中的智慧选择。

六、高职 PPP 项目资产证券化建设现实困境的状态——基础资产的"基本符合"态

如上述，SPV 设计在资产证券化建设中所发挥的特殊作用，在高职领域会有个性表现；同样，SPV 设计在高职 PPP 项目资产证券化建设中也定会有个性表现，这种个性表现集中体现为高职 PPP 项目资产证券化建设现实困境状态，即基础资产的"基本符合"态。

（一）入"池"的基础资产质量状态使高职 PPP 项目资产证券化建设的根基不扎实

1. "明确"（现金流）"稳定且预期可观""识别"是基础资产质量的"标识"

根据《证券公司及基金管理公司子公司资产证券化业务管理规定》对基础资产的定义可知，PPP 项目资产证券化的基础资产需满足以下四个基本

条件:符合法律法规规定,遵循负面清单制;权属明确,有完整的财产权利和处置权利;现金流独立、可预测,最好能基于独立真实的历史记录对未来的现金流进行预测;可特定化,能清晰识别,与原始权益人的其他财产明确区分。

这四个基本条件表明,基础资产及其质量具有"奠基"的功能;展开言之,即便有了先进的资产证券化技术,有了完美的 SPV 结构设计,似乎由此有了强力的风险分散安排,若没有明确的基础资产及其质量,其实这些精巧的东西不过是虚无缥缈的"空中楼阁"。"权属明确""独立且预期可观""财产能识别",这些标签就是基础资产的质量。

比照上述关于基础资产的四个基本条件,高职 PPP 项目资产证券化所对应的基础资产的现实状态又如何呢?第一个基本条件指向相对模糊,依此,高职 PPP 项目资产证券化建设,对于第一个基本条件的符合状态,通常应该是"符合"。以下谈后三个基本条件,重点是中间两个基本条件的符合状态。

2. 基本条件二的符合状态依具体情形而定,总体为"基本符合"

高职 PPP 项目资产证券化建设,对于第二个基本条件的符合状态,所依照的具体情形,即为基础资产的范围界定和权利属性。公办高职院校的资财总的来看有事业性和经营性两种性质。事业性资财是学校履行其职能、维持正常运转而保有的必需部分。就经营性资财看,学校有三大块:经营性的餐厅、店铺以及出租房等经营性房产;校办产业等经营性资产;可以用于经营的学费和住宿费。经营性房产和经营性资产的权属,既很明确又不是很明确,"既很明确"即该资产是国有资产,本质上不是学校的;"又不是很明确"即学校作为具有办学资质的事业法人,有这些资财的使用权利,以致往往有一种是"自己的"的错觉。鉴于此,学校是不具备对于这些资财完全的财产权利和处置权利的,因为这些资财从根本上是受制于作为国有资产而监管和处置的。至于学费和住宿费,是在政府有关部门核定标准而收取之后,学校才有其独立的财产权利的;而学校对其的处置权利,是基于首先要履行其职能、维持正常运转这一前提的。

基于此，由于用作基础资产的底层资产一般为学费和住宿费，是否符合基本条件二，实际是主要看学费和住宿费的情形。这一点，公办高职院校明显有些不同于民办学校或民办高校，因为后者一则机制灵活，二则在合法合规的前提下（管制相对宽松），可以拿出更多的经营性资财作为基础资产进入"资产池"中。

3. 基本条件三的符合状态取决于高职院校自身，总体也为"基本符合"

高职 PPP 项目资产证券化建设，对于第三个基本条件的符合状态，取决于公办高职院校自身，从根本上来讲，其实是取决于这些公办高职院校所处的高职教育系统或高职领域的影响力和带动力。相对于经营性房产和经营性资产，可用于作为基础资产的学费和住宿费，原则上学校是可以独立支配的，基于目前的状态和既有的"业绩"，也是可以预测的。问题就是，公办高职院校既不是那么"便利"——像民办学校或民办高校一样拿出除学费和住宿费以外的经营性资财充实"资产池"，又无力相"比拼"——与普通本科高等院校"拼"规模，以致"两边受阻"。从事高职事业的高职院校尽管很多也已是"万人大学"，但较之普通本科高等院校，其规模（远不限于学生规模）普遍要小。高校建设固然要更注重内涵建设，但必要的规模也是内涵建设的当然要素，是"要件"之一。为此，高职院校进行 PPP 项目资产证券化建设的 SPV 设计——特别是其中的基础资产的核定和预测，自会受到现有规模和预期规模的限制；而如果实行"捆绑性"建设，又会受制于高职院校或高职教育本身的社会影响力。对于高职 PPP 项目和高校（非高职）PPP 项目及其证券化建设，如果排除定向或个性的政策倾斜和优惠安排，社会资本或"私"方的理性选择，应该是不言自明的。

高职 PPP 项目一般采用"政府付费 + 使用者付费"的付费模式，这种可行性缺口补助方式，事实上是政府与学生（家长）分担高职教育成本的方式，其特许经营权益实际牵涉与就读学生相关联的千家万户——随着 2019 年高职百万扩招和 2020 年高职"双百万"扩招的实施，这个关联界面会更广。扩招固然会随之带大学生数量，以至增加学费和住宿费，但这毕竟是基于特定时期现实需要的权宜之计。况且在招生连续两年扩招的情形之下，高职院校或高职教育的质量建设就存疑。这就是说，在高职院校或高职教育建设持续性保障"乐见不定"的情形下，以学费和住宿费为基础的基础资产的持续稳定增长就"乐观预期也不定"了。

4. 基本条件四的符合状态一般为"符合"

高职 PPP 项目资产证券化建设，对于第四个基本条件的符合状态，一般应该是"符合"。如果学校财务状态正常，事业性运行状态也正常，置于 SPV 而进入"资金池"中的学费和住宿费，与公办高职院校的其他财产——经营性房产和经营性资产，是能够较明确区分的，从而是容易识别的。

（二）"基本符合"态折射的是"软增信"的不足

综合上述对于四个基本条件的判断，高职 PPP 项目资产证券化建设的符合状态，总体上维持"基本符合"态。

1. "基本符合"态"误差"的背后是"硬增信"和"软增信"的综合显现

"基本符合"态的背后，是各相关利益方及其管理方对于高职 PPP 项目资产证券化建设的基本价值共识；而"基本"之外的"误差"，是各相关利益方及其管理方对此的审慎姿态，以致高职 PPP 项目资产证券化建设步履维艰。这也就不难明了高职 PPP 项目资产证券化建设发行或挂牌信息仍然"只闻楼梯响，不见人下来"的个中缘由。

还有的重要一点是增信问题。从基础资产池到证券之间的关系是基础资产和期权之间的关系，而市场上绝大多数资产证券化产品，除了资产池的现金流支撑，还有外部增信的支持。[①] 这个外部增信既有作为"硬增信"的"技术性增信"——包括第三方提供或确认的评级、抵押、担保支持等，又有作为"软增信"的"行业性增信"或"领域性增信"——公立高职院校所在的高职教育系统或高职领域的"声誉"支撑。这时，"声誉"就是"商誉"，甚至胜于"商誉"。当然，公立高职院校自身应该属内部增信，实为一种"软增

---

① 罗苓宁. 资产证券化：变革与创新 [J]. 财经，2016（12）.

信"（其提供的资财要经第三方确认）。证券化最理想的基础资产，是由数量众多、单个小额、相关性低的资产所构成的资产池。[①] 依此条件，高职 PPP 项目资产证券化对应的基础性的资产学费和住宿费，符合数量多但并不符合"数量众多"的要求，因有学校办学规模之限；其符合"单个小额"的条件，缴纳者为一个个分散的家庭；但其基本不符合"相关性低"的要求，每一笔学费和住宿费都是整体对应于某学生及其家庭的，如果将学费和住宿费"拆开"分作基础资产的话，其规模效应可想而知。

基于"软增信"这个软肋，高职 PPP 项目资产证券化建设的符合状态，要从"基本符合"态到"符合"态，自是不会一蹴而就的。

2. 仍然"艰难地行走在路上"的 SPV 独立架构建设

"基本符合"态的基础资产质量，也使得 SPV 规范建设所要求的"真实销售"以致风险隔离难以真正实现。

问题的关键之点是，鉴于高职 PPP 项目资产证券化建设中基础资产的"基本符合"态现状，还没有办法做到真正的实质性合并。学费和住宿费是否能够真正"出表"（移出学校的报表），而进入 SPV 的"资产池"中？理论上，学校事业性学费和住宿费，与能够用于经营的学费和住宿费即学校经营性学费和住宿费，两者是可以分开的，但是实际操作很难明确两者的边界，以及由此而来的数量比。这就是说，进入项目公司（SPV）作为基础资产的学费和住宿费，与学校用于日常运转的学费和住宿费，在操作上明确分开是件困难的事。这使得 SPV 要构建独立的架构、形成独立的资产，"正艰难地走在路上"。

---

① 罗桂连. PPP 资产证券化试水难题 [J]. 财经，2017（4）.